Ander Izagirre

Der Berg, der Menschen frisst

Ander Izagirre

Der Berg, der Menschen frisst

In den Minen des bolivianischen Hochlandes

Aus dem Spanischen von Grit Weirauch

Rotpunktverlag

Die Arbeit der Übersetzerin am vorliegenden Text wurde vom Deutschen Übersetzerfonds gefördert.

Dieses Buch wurde durch einen Zuschuss von Acción Cultural Española (AC/E), einer staatlichen Einrichtung, unterstützt.

AC/E
ACCIÓN CULTURAL
ESPAÑOLA

Der Rotpunktverlag wird vom Bundesamt für Kultur mit einem Strukturbeitrag für die Jahre 2021 bis 2024 unterstützt.

Die Originalausgabe erschien 2017 unter dem Titel *Potosí* bei Libros del K.O. in Madrid.

www.rotpunktverlag.ch

Umschlagbild: Cerro Rico Silbermine, Potosí, Bolivien; bennu phoenix / Alamy Stock Foto

Lektorat: Andreas Simmen

Korrektorat: Sarah Schroepf

Umschlag und Satz: Patrizia Grab

Druck und Bindung: Friedrich Pustet, Regensburg

ISBN 978-3-85869-962-6
1. Auflage

Dieser Titel ist auch als E-Book erhältlich.

Inhalt

Für Sara

Im Wunderland der Schätze

»Frauen dürfen nicht in die Mine«, sagt Pedro Villca. »Stellen Sie sich vor, eine Frau geht da hinein. Und dann, wenn sie ihre Blutung bekommt, versiegt die Erzader. Pachamama versteckt das Erz. Aus Eifersucht.«

Villca ist ein sehr alter Bergarbeiter, etwas, was es in Bolivien eigentlich gar nicht gibt. Mit seinen 59 Jahren hat er keinen gleichaltrigen Kumpel mehr. Er lebe noch, sagt er, weil er nie gierig gewesen sei. Nie hat er lange im Bergwerk gearbeitet. Nie »vierundzwanzigerte« er: Das heißt, nie arbeitete er Schichten von vierundzwanzig Stunden am Stück unter Tage. Immer kam er wieder an die Oberfläche, von Zeit zu Zeit kehrte er für einige Monate in das Dorf seiner Eltern zurück, um Kartoffeln anzubauen und Lamas zu hüten, ließ seine Lungen klare Luft atmen, sodass sie sich vom Staub reinigen konnten, und dann ging er wieder in die Grube, aber wenn eine Gaswolke seine Kumpel erstickte oder einstürzendes Gestein sie zerquetschte, war er nie drinnen. Er hat das Gefühl, schon viele Partien mit Gevatter Tod gespielt zu haben, und er will ihn nicht noch mehr herausfordern. Ja, er geht in den Ruhestand. Er schwört, in wenigen Wochen gehe er in den Ruhestand.

Villca ist knapp anderthalb Meter groß. Und selbst er muss sich bücken und gebeugt gehen, um nicht mit dem Helm an die Eukalyptus-Balken des Stollens zu stoßen. Er geht in die Hocke, die Arme dicht am Körper, denn in diesem winzigen Tunnel …

»Was für ein übles Wurmloch!«

… denn in diesem Tunnel, kaum breitet man die Ellbogen aus, berührt man schon die rechte Wand und die linke gleichzeitig, kaum reckt man den Hals ein wenig, stößt man an die Decke. Wir sind im Inneren eines Berges. Um unsere Körper herum sind einige Zentimeter Luft und dann Millionen Tonnen massives Gestein. Am ehesten ist es vergleichbar mit dem Gefühl, lebendig begraben zu sein. Nur dieses eine Loch gibt es, um an die Oberfläche zu gelangen (wenn man es denn schafft, sich zu orientieren in dem Labyrinth aus Gängen, die sich schlängeln, kreuzen, verzweigen, abbiegen, ansteigen, hinabführen; nichts gibt es in den Tunneln, in den Grotten und Seen, kein Licht, keinen Windhauch, kein Geräusch, an denen man erkennen könnte, ob wir zum Leben zurückkehren oder immer tiefer in den Berg vordringen). Man hat den Eindruck, ein Niesen genügt, und der Berg verdichtet sich und dieser enge Stollen, durch den wir auf Händen und Füßen vorwärtskrabbeln, die Wände ertastend wie zwei Insekten, wird zusammengequetscht.

Atmen fällt schwer. In dieser Haltung, so gebeugt, mit den Armen eng am Oberkörper, dehnt sich die Lunge wenig aus. Jedes Einatmen ist ein bewusster Kraftakt: Ich dehne die Nasenflügel und sauge 40 Grad warme Luft ein, die von Feuchtigkeit gesättigt ist und klebrig wie in Terpentin getränkte Watte. Am Gaumen bleibt ein metallischer Geschmack, als würde ich Münzen lutschen. Es ist die *copajira*, der saure Schweiß der Mine, der an den Wänden entlangrinnt, orangefarbene Schlammpfützen bildet und im Dunst schwebt.

Villca ist in seinem Element. Er amüsiert sich. Setzen wir uns, sagt er, und ich solle das Licht am Helm ausmachen. Dann macht er seins aus. Mit dem Klick überschwemmt mich die Dunkelheit, wie eine dunkle Welle, die mich durch diesen Stollen in die Tiefen des Berges reißt. Ich habe mich nicht bewegt, aber eine Bewegung gespürt. Eine Welle von Schwindel und Übelkeit ergreift für zwei Sekunden mein Gehirn, ich verliere das Gleichgewicht, mir summen die Ohren. Stumm halte ich es aus, denn dieser Mistkerl Villca lacht. Ich atme tief ein und die Halsschlagader pocht in meiner Kehle.

»Verdammt.«

»Mach sie halt wieder an«, sagt er zu mir.

Ich schalte die Lampe ein, suche Villca, sein Schatten zeichnet sich an der Decke ab und breitet sich lang an den Balken aus. Er lächelt.

»Und diese Balken?«, frage ich. Sie sind verfault, verbogen unter dem Gewicht des Berges, einige von ihnen haben bereits Risse bekommen.

»Die *callapos*. Seit dreißig Jahren werden die nicht ausgewechselt, ein Scheiß ist das. Niemand hat Geld, um in Sicherheit zu investieren, in unserer Kolonne sind wir nur wenige Bergleute und verdienen selbst gerade mal genug, um zu überleben. Wir bauen an einer Stelle ab, beten, dass nichts einstürzt, und dann gehen wir weiter zu einer anderen Stelle.«

Er geht voran. Mit seinen 59 Jahren bewegt er sich leichtfüßig, bückt sich, kriecht auf allen vieren, richtet sich wieder auf, ich bleibe zurück, und als der Stollen eine Biegung macht, sehe ich ihn nicht mehr. Zwanzig Sekunden sind es nur, aber ich bin erleichtert, als ich ihn dann wiedersehe. Wir sind in einem breiteren Stollen angekommen, mit Schienen auf dem Boden, wo wir uns wieder aufrichten können.

»Sie sind gut in Form, Don Pedro.«

Er lacht. »Ich bin noch recht geschickt. Die Kumpel, die noch leben, haben alle die Grubenkrankheit. Viele im Bett. Mein Nachbar kann keine vier Schritte tun ohne seine Sauerstoffflasche. Er geht vom Bett zur Tür und von der Tür zum Bett. Mir geht es gut, Gott sei Dank.«

Er zeigt auf einen schmalen, mit Gestein gefüllten Kamin, den er Briefkasten nennt. »Der ist noch von den Spaniern, aus den Zeiten der Kolonie. Mit Hämmern aus Stein haben die gearbeitet, ab und zu haben wir so einen gefunden. In diesem Gebiet gibt es solche Briefkästen wie den hier, voll mit Gestein, das sie aussortiert haben, weil sie nur das reine Silber herausholen wollten. Von den oberen Ebenen haben sie die Steine runtergeworfen und die Briefkästen haben sie damit aufgefüllt. Aus dem Gestein machten sich die Spanier nichts, wir jetzt schon. Die Steine sind ziemlich wertvoll. Als das hier der Comibol (der staatlichen Bergbaufirma) gehörte, war es verboten, die Briefkästen zu leeren, damit der Berg nicht einstürzt. Jetzt macht jeder, was er will. Manche Trupps sprengen die Briefkästen einfach in die Luft. Und andere tragen die Gesteinssäulen ab, die die Spanier in den großen Kammern gelassen haben. Da muss man aufpassen, wegen der Sicherheit, damit die Decke nicht einstürzt. Aber in den Säulen ist wertvolles Mineral, die Bergleute schlagen es aus dem Gestein raus, schlagen es raus, schlagen es raus, solange es gutgeht. Bis es eines Tages nicht gutgeht.«

Villcas Wangen sind kupferfarben, die Haut ist glatt und straff, aber unter seinen Augen sind tiefe Furchen. Als ob vierzig Jahre Arbeit unter Tage einen Abdruck hinterlassen hätte. Wenn er eine dieser schrecklichen Geschichten erzählt, lächelt er ein wenig beschämt und seine Augen versinken zwischen den Falten, kleine Augen, rot wie Glut, sehr lebhaft.

Sein Sohn Federico begann mit dreizehn Jahren in der Mine zu arbeiten. Eines Tages, als er einem Arbeiter beim Bohren half, stürzte der Boden unter ihren Füßen ein. Sie fielen ein paar Meter tief, von einer Flut von Steinen mitgerissen. Sie konnten wieder zum Stollen hochklettern und rannten los. Sie rannten noch, als ein Lärm im Berg einsetzte und ein Staubsturm sie ergriff und auf den Boden warf. Hinter ihnen stürzte der ganze Stollen ein. Sie schafften es noch, Federico war voller Blut und Staub. Nie wieder wollte er einen Stollen betreten. Er bewarb sich um Arbeit auf der Baustelle, wo er Ziegel und Zementsäcke schleppte, an der frischen Luft.

Ich folge Villca den breiten Stollen entlang, im Glauben, dass es endlich nach draußen geht, hin zu einem anderen Schacht als dem, durch den wir vor zwei Stunden eingestiegen sind, aber wissen kann ich es nicht. Apropos breiter Stollen: Er misst gerade mal zweieinhalb Meter in der Höhe und etwa drei Meter in der Breite. Wir treten im Dunkeln in große und tiefe Pfützen, unsere Lampen werfen gelbe Lichtflecken an die Wände.

Villca sagt: »Der reinste Damenspaziergang ist das.« Und bleibt stehen.

Wir hören das Tropfen,
das Rumoren unter der Erde,
das Murmeln der Felsen.

Villca dreht sich langsam um, vertreibt die Dunkelheit des Stollens mit dem Licht seines Helms und leuchtet auf einmal eine menschliche Gestalt an, die eines Mannes, der an die Wand gelehnt sitzt, mit weit aufgerissenen Augen und einem irren Lächeln. Es ist der Teufel. Die Skulptur eines Teufels aus Ton, mit verdrehten Hörnern und einem breiten Mund, der von einem

Ohr zum anderen reicht und in dem ein Dutzend Zigarettenstummel stecken. Mit einem Lächeln tritt Villca näher, zündet eine weitere Zigarette an und steckt sie ihm ins Maul.

»Hier sind wir, Tío.«

El Tío, der Onkel, ist der Geist, der die Tiefen regiert, der Verbündete der Bergarbeiter, der Schutzpatron, der die Pachamama, die Mutter Erde, begattet, damit sie Erzflöze produziert. Wenn er zufrieden ist, werden die Flöze sichtbar; wenn er wütend wird, schickt er Steinschläge. Der Schoß dieses Tío ist mit Zigarettenschachteln bedeckt, mit Fläschchen, in denen reiner Alkohol ist, und einem Durcheinander aus Luftschlangen, Konfetti und Kokablättern, die die Bergarbeiter ihm bei den *challas* – den Dankesritualen – zuwerfen. Er lächelt, die Beine sind gespreizt, um sein wichtigstes Attribut zur Schau zu stellen: einen großen erigierten Penis.

Villca öffnet eine Halbliter-Flasche Guabirá Buen Gusto, 96-prozentiger, den die Bergarbeiter in ihren Pausen trinken, pur oder mit ein wenig Wasser und Zucker gemischt. Er beugt sich zu dem Mund des Tío und schüttet ihm einen Schuss in den Schlund. Der Alkohol spritzt aus der Spitze seines Penis. Villca bricht in Gelächter aus.

»Einmal kam die Vizeministerin Álvarez zu Besuch, Bergbau-Vizeministerin. Sie haben wir hereingelassen, aber ich habe zu ihr gesagt: Sie müssen ihm das Glied an der Spitze küssen, Señora; damit eine Frau Zugang zur Mine bekommt, muss sie dem Tío zuerst das Glied an der Spitze küssen. Sie hat sich vorgebeugt und es ihm geküsst.«

Villca lacht und geht weiter. An der Kreuzung zu einem anderen Schacht, der unseren diagonal quert, hören wir Stimmen. Er reckt den Kopf hoch und ruft ihnen zu: »Hey, ihr Hurensöhne!«

Als wir heraustreten, habe ich Lust, das Licht zu küssen, das Licht zu trinken, das Licht mir auf das Gesicht zu streichen.

Mein Schatten bewegt sich über den Berghang. Er klettert die Felsen hinauf, geht weiter, wächst und schwindet, er wandert den Berg entlang: Der Cerro Rico von Potosí war eine majestätische rote Pyramide, als ich ihn vorgestern von weitem sah; wenn ich ihn heute betrete, ist er eine Trümmerhalde. Der Berg knirscht unter meinen Füßen, es ist, als würden jeden Moment die losen Felsen abrutschen und Gestein mit sich reißen und die Felswand würde einstürzen und das ganze Gebirge achthundert Meter als Lawine abgehen und die Hütten der Wachmänner begraben, dann die höhergelegenen Viertel der Bergarbeiter, dann die Plätze, die Straßen, die Kolonialhäuser, die barocken Paläste der Stadt, und nur die zwei Türme der Kathedrale würden am Ende übrig bleiben und aus einem Meer von Steinen herausgucken.

Nach fünfhundert Jahren Bergbau ist der Cerro Rico ein durchlöcherter Berg. Immer noch werden täglich drei- bis viertausend Tonnen Gestein abgebaut, um Silber, Blei, Zink oder Zinn zu gewinnen. Nach Berechnungen des Geologen Osvaldo Arce befinden sich 47 824 Tonnen Feinsilber im Berg – mehr, als im Laufe der Geschichte abgebaut wurde. Das Problem ist, dass Silber nicht mehr konzentriert in Flözen lagert, sondern in winzigen Adern verteilt ist, in sehr geringen Anteilen, und man müsste den ganzen Berg niederreißen, zermalmen und verarbeiten, um diese Gesamtmenge gewinnen zu können.

Und dazu sind sie anscheinend bereit: Achttausend, zehntausend, zwölftausend Bergarbeiter gehen täglich unter Tage und schürfen weiter. Sie arbeiten für 39 Genossenschaften. Das große Unternehmen Manquiri, das im Besitz eines multinationalen US-Konzerns ist, verarbeitet das Bohrklein und die *pallacos* – die gigantischen Gesteins- und Kiesablagerungen, die die Bergleute jahrhundertelang wegen ihres sehr geringen Erzanteils nicht nutzten. Mit heutiger Technologie rentiert es sich für das Unternehmen, diese Masse an Nebengestein zu verarbeiten, um die kleinen Anteile an Silber und Zink herauszulösen.

Jede Dynamitsprengung öffnet ein weiteres Loch im Berg. Eine Studie des Bergbauministeriums wies 138 Zonen aus, in denen Stollen einstürzten, einige vor nicht allzu langer Zeit, andere vor Jahrhunderten, sowie viele Stellen in dem Stollenlabyrinth mit hohem Einsturzrisiko. Es gibt immense, verlassene Hohlräume, die aufgrund der Säurekorrosion brüchig werden. Im Jahr 2011 bekam der spitze Berggipfel nach heftigen Regenfällen Risse und innerhalb weniger Tage öffnete sich ein Krater von vierzig Metern Durchmesser und vierzig Metern Tiefe. Der Berg erreicht eine Höhe von 4800 Metern. Oberhalb von 4400 Metern, der am meisten beschädigten Zone, hat die Regierung den Bergbau verboten.

Der Cerro Rico ist unter anderem auch eine Gestalt. Er ist die Pyramide, die sich über der Stadt Potosí erhebt, jene Silhouette, die im bolivianischen Staatswappen auftaucht, auf den Briefmarken, den Postkarten und auf barocken Landschaftsgemälden, ein gigantisches dreieckiges Monument, die Ikone irdischer Reichtümer und göttlicher Mächte. Aber sie droht in sich zusammenzubrechen. In bolivianischen Tageszeitungen geben Kommentatoren ihrer Sorge Ausdruck, das nationale Symbol könnte beschädigt werden. Oder einstürzen – und schon blühen die Metaphern.

Die zehntausend Bergarbeiter kümmern sich derweil wenig um das Staatswappen und steigen jeden Tag in den Berg hinein.

Die Bewohner von Potosí fürchten den Tag des endgültigen

Kollapses, die apokalyptische Lawine, die die Geschichte des Cerro Rico besiegelt: In seinem Inneren ruhen die Gebeine, oder der Staub der Gebeine, von Zigtausenden Bergmännern. Seit dem ersten versklavten Indigenen zu Zeiten der spanischen Kolonie bis zu Luis Characayo, dem Bergmann, über den die Tageszeitung gerade schreibt, weil man ihn gestern in einem eingestürzten Stollenabschnitt tot auffand; er starb durch ein schweres Hirntrauma und erstickte. Vom Cerro Rico von Potosí wird gesagt, er sei »der Berg, der Menschen frisst«.

Der Menschen frisst.

Alicia Quispe ist vierzehn Jahre alt. Sie trägt einen blauen Arbeitsoverall mit Rissen, die Ärmel hängen über die Hände hinaus, die Gummistiefel sind ihr zu groß und sie trägt einen Bergmannshelm, einen Bergfrauenhelm. Ihr schwarzes Haar ist in einem Pferdeschwanz zurückgebunden, sie hat mandelförmige Augen und einen stets fliehenden Blick, als ob sie hinter den Leuten etwas sucht.

Man sagte mir, dass sie gleich herauskommt. Es ist sieben Uhr morgens, es ist mein zweiter Besuch auf dem Cerro Rico und ich bin erleichtert, dass ich nicht erneut hineingehen muss, und ich habe ganz und gar nichts dagegen, auf der *canchamina*, dem Minenvorplatz, zu warten.

Der Minenvorplatz ist eine Esplanade aus grauem Staub in 4400 Metern Höhe neben einem der 569 Schachteingänge in den Cerro Rico, die jüngst für einen Bericht gezählt wurden. Zwei Toyota Corolla der Bergarbeiter befinden sich auf dem Platz, vier leere, umgestürzte Loren – drei von ihnen sind sehr verrostet und wurden anscheinend aufgegeben – und ein Stapel Ersatzschienen, um die durch die Salzsäuren korrodierten oder zu sehr abgenutzten Schienen im Innern des Berges auszutauschen. Auf dem Minenvorplatz stehen auch zwei aus Lehmziegeln gebaute Häuschen mit Wellblechdächern. Das eine ist das Lager für die Werkzeuge der Bergarbeiter, das andere das Haus, in dem Alicia wohnt.

Ich lese in der Tageszeitung *El Potosí*. Wieder ein Unfall gestern:

> Zwei Grubenarbeiter sterben nach Stolleneinsturz
>
> Zwei Grubenarbeiter im Alter von 37 und 41 Jahren starben, nachdem sie im Inneren der Encinas-Mine im Cerro Rico von Potosí unter einer Steinplatte begraben wurden, berichtete der Staatsanwalt des Departements, Fidel Castro. Der tragische Arbeitsunfall ereignete sich, als beide wie jeden Tag Erz schürften, so die vorläufige Untersuchung. »Bedauerlicherweise starben beide durch den Arbeitsunfall: Der eine erlitt ein stumpfes Thoraxtrauma und der andere ein stumpfes Kopftrauma. Soweit wir wissen, gab es einen Einsturz in der Mine, bei dem sie verschüttet wurden«, sagte der Staatsanwalt.
>
> Die Leichen wurden von der forensischen Abteilung der Staatsanwaltschaft und Kräften der Sondereinheit zur Verbrechensbekämpfung (FELCC) geborgen.
>
> Angehörige der Grubenarbeiter übernahmen die Leichen, um sie zu beerdigen.

Nachrichten wie diese finde ich fast täglich: Bergarbeiter, die von herabbrechenden Felsstücken erschlagen werden oder in Förderschächten zu Tode stürzen. Manch einer gerät auch in eine Dynamitexplosion oder sogar in die Stangen der Steinbrechanlage. Zu Dutzenden sterben sie jährlich: Zusammentragen muss man die vielen einzelnen Fälle selbst, aussagekräftige oder gar vollständige Statistiken existieren nicht. Es gibt noch eine andere Art von Fällen, die ich nicht in der Zeitung und auch nicht im Fernsehen oder in Dokumentarfilmen finde – Fälle, über die nicht berichtet wird. Von den Todesfällen durch Staublunge finde ich wenig, von der täglichen Gewalt an Frauen und Kindern, nichts …

Der Berg erzittert. Zuerst ganz leicht, die Erschütterung ist kaum wahrnehmbar, dann ein Rumpeln und Quietschen aus Metall und Gestein, das immer stärker wird. Ein mit Steinen beladener Wagen taucht aus dem Stollenmundloch auf und fährt mit beträchtlicher Geschwindigkeit an mir vorbei. Zwei Bergarbeiter im Arbeitsanzug, mit Helm und Stiefeln, schieben ihn mit kurzen, schnellen Schritten, der eine größer, der andere kleiner, ihre ausgestreckten, gespannten Arme am Wagen, ihre Köpfe zwischen den Schultern. Noch fünfzig Meter weiter, bis zum Ende der Schienen, am Rand einer Böschung. Ein dritter Bergmann wartet dort. Er tritt zum Wagen, drückt den Hebel, der den Trichter freigibt, und kippt die Steine aus dem Wagen auf den Hang. Zwei- oder dreimal pro Woche kommt ein Lastwagen, um die angesammelten Steine abzutransportieren.

Die beiden erwachsenen Bergarbeiter, der eine, der den Wagen schob, und der andere, der an der Böschung wartete, reiben sich die Hände am Arbeitsanzug ab, holen Zigaretten aus einer Innentasche hervor und zünden sie an. Es ist Viertel nach sieben am Morgen, ihre Schicht ist zu Ende.

Der dritte Bergmann, die kleinere Gestalt, die den Wagen schob, ist das Mädchen, auf das ich gewartet habe: Alicia Quispe, vierzehn Jahre alt, in zu großer Arbeitskleidung. Einer der Erwachsenen hält ihr eine Wasserflasche hin und sie trinkt einen großen Schluck.

Ich gehe nicht zu ihr hin, bleibe etwa fünfzig Meter entfernt und spaziere ein wenig auf dem Minenvorplatz herum. Ich möchte, dass sie mich für einen Touristen halten, obwohl es noch früh ist. Ich trage einen Rucksack und eine Kompaktkamera, mit der ich Fotos von den Bergen, von dem Minenvorplatz aufnehme, und als ich mich zu ihnen drehe, mache ich eine leichte Geste mit dem Kopf, um sie zu begrüßen. Alicia sieht mich, erkennt mich und tut nichts. Ich gehe langsam über den Vorplatz auf ihr Haus zu.

Alicia Quispe ist nicht ihr wahrer Name. Sie möchte lieber unerkannt bleiben, um ihre illegale Arbeit nicht zu verlieren. Diese Arbeit, von der mir irgendein Genossenschaftsleiter sagen wird, dass sie nicht existiert. Dass sie nicht existiert, aber nun gut, wenn sie existieren würde, wäre es auch nicht so schlimm, schließlich helfen die Kinder, die hier wohnen, ihren Familien, wie wir das auch taten, so sagt man in der Genossenschaft, wie man es immer getan hat, was sollen sie auch sonst tun, die Kinder des Cerro Rico.

Alicia macht eine Arbeit, die es nicht gibt, eine Arbeit, für die man ihr täglich – besser gesagt, nächtlich – zwanzig Pesos zahlt, etwas mehr als zwei Euro. Für die man jetzt gerade gar nicht bezahlt. Sie arbeitet jetzt umsonst, um Schulden abzuzahlen, die die Genossenschaft ihrer Mutter anlastet, eine Falle, um sie als Sklavinnen zu halten.

Gestern sprach ich mit Alicia in den Räumen der Cepromin, am Fuß des Berges, wo die Kinder der Minen – und andere arbeitende Kinder: Maurer, Schuhputzer, Hausangestellte – Schulunterricht erhalten, um den Anschluss nicht zu verlieren. Wo sie auch Gemüse, Eier, Fleisch essen können, was sie zu Hause – in ihren Baracken – nie essen. Wo sie warm duschen, in aller Ruhe einige Stunden spielen, lesen können. Wo sie niemand schlägt. Die Lehrerinnen erzählten mir von ihr: Du musst sie kennenlernen. Als ich sie das erste Mal sah, saß sie mit vier oder fünf anderen Mädchen ihres Alters, die Hausaufgaben machten, an einem langen Tisch; sie blätterte in einem Bilderbuch über Aschenputtel. Ich ging zu ihnen hin, um sie zu begrüßen, plauderte ein wenig mit ihnen, stellte ungeschickte Fragen, und Alicia war die Einzige, die mir eine Frage stellte. Ich plauderte ein wenig länger mit ihr, während ihre Kameradinnen sich wieder ihren Aufgaben widmeten. Am Ende lud sie mich ein, zu ihr nach Hause zu kommen, wann immer ich wollte.

Cepromin steht für Centro de Promoción Minera, eine Vereinigung zur Förderung des Bergbaus, die 1979, in den letzten Jahren der Militärdiktatur und in den ersten Gehversuchen der bolivianischen Demokratie, gegründet wurde. Die Bergarbeitergewerkschaften waren eine der stärksten Kräfte im Kampf für die Demokratie. Und zu Beginn der achtziger Jahre waren die Bergarbeiter voller Enthusiasmus.

»Die Bergarbeiter hatten jahrelang gegen die Diktaturen gekämpft und jetzt waren sie es, die an der Demokratie teilhaben konnten. Genau dafür wurde Cepromin damals gegründet, um die Bergarbeiter politisch zu bilden, um Führungskräfte hervorzubringen; die Idee war, dass die Gewinne aus dem Bergbau nicht ins Ausland abwandern, sondern zum ersten Mal in der Geschichte dem Wohlstand des Landes dienen sollten«, erzählte mir Cecilia Molina, Vorsitzende der Organisation in ihrem Büro in La Paz. »Und sieh uns heute an. Die Idee ist untergegangen. Bei unserer Arbeit geht es um das blanke Überleben, sieh dir unsere Projekte an: Programme gegen den Hunger, gegen extreme Armut und gegen Kinderarbeit in den Minen. Vor dreißig Jahren gab es keine Minderjährigen in einem Bergwerk. Die Dinge geschehen nicht ohne Grund. Hinter der Armut stehen politische Entscheidungen. 1985 schloss der Staat alle Minen außer einer, 23 000 Arbeiter wurden entlassen, alles wurde privatisiert und ab sofort galt das Recht des Stärkeren. Heute ist die Ausbeutung erschreckend hoch. Tausende Bergleute arbeiten ohne Vertrag, ohne Krankenversicherung, ohne Zugang zur Rentenversicherung und sie verdienen miserabel, manchmal werden sie betrogen, weil sie weder lesen noch schreiben können. Und es gibt einige Unternehmer, die sich an diesem System bereichern. Die Unwissenheit ist das Schlimmste: Es gibt keine Bildung, keinerlei Bewusstsein, keine Art von Widerstand. Jeder Bergarbeiter tut, was er kann, um ein bisschen Geld zu verdienen, und das war's. Dann haben sie einen Unfall oder bekommen Silikose und so enden sie und ihre Familie im reinen Elend. Die Bergwerke sind viel gefährlicher als früher, es gibt weder Technologie noch Sicherheitsmaßnahmen. So beten wir den Tío an und mal schauen, vielleicht haben wir ja Glück. Wenn der Papa mit 30 oder 35 Jahren stirbt, müssen eben seine Söhne in die Mine.«

Im Jahr 2011 schätzte die bolivianische Regierung die Zahl der Minderjährigen, die in den Bergwerken arbeiten, auf 3800. Cepromin zählte etwa 13 000.

»Eine genaue Zahl zu nennen, ist unmöglich«, sagte Molina, »denn es handelt sich um Schwarzarbeiter, deren Zahl je nach Erzpreis steigt oder sinkt. Fest steht, dass sie, wenn sie mit zwölf oder vierzehn Jahren anfangen zu arbeiten, die 35 wahrscheinlich nicht erleben werden.«

Alicia verabschiedet sich von den zwei Kumpeln und geht einige Schritte bis zu der Hütte, in der sie mit ihrer Mutter, Doña Rosa, 42 Jahre alt, und ihrer Schwester Evelyn, vier, lebt. Es ist ein aus groben Lehmziegeln errichteter kleiner Raum mit vier Wänden ohne Fenster und einem Dach aus Wellblech. Die Bergleute bauten die Hütte mitten auf dem Minenvorplatz, auf felsigem Untergrund auf 4400 Metern Höhe, wo die Winde alles wegfegen, und sie legten einige große Steine auf das Dach, damit es nicht weggeweht wird. Hier oben – Wolken aus giftigem Staub, Geröllböen, die wie Hagel prasseln – kratzt der Wind, als hätte er Krallen.

Die Bergarbeiter gaben Alicia und ihrer Familie die Erlaubnis, hier wohnen zu dürfen. Nur hier können sie leben – wo es sich fast nicht leben lässt.

Sie wohnen in einem der höchstgelegenen Häuser des ganzen Planeten, in der letzten und dünnsten Schicht menschlichen Lebens, denn oberhalb von 4400 Metern lebt fast niemand mehr. Alicia, Doña Rosa und Evelyn haben 99,9 Prozent der Menschheit unter sich. Und knapp über ihnen erschöpft sich jede Möglichkeit dauerhaften Lebens: Über ihren Köpfen ist nur noch wenig Luft zum Atmen, eine Luftsäule, die halb so schwer ist wie auf dem Meeresspiegel; und bei so geringem Luftdruck sind die Lungenbläschen nicht in der Lage, das Blut mit genügend Sauerstoff zu versorgen. Über Tausende von Jahren haben sich die Bewohner solchen Höhen angepasst: Ihre Lungen sind größer, um mit jedem Atemzug mehr Luft aufzunehmen, sie haben mehr Blut und mehr rote Blutkörperchen, um Sauerstoff durch den Körper zu transportieren. Aber die Zahl der Blutkörperchen hat ein Limit, denn sonst wird das Blut zu dickflüssig und es kommt zu Gerinnseln, Schlaganfällen und Herzinfarkten. Kein Mensch kann deswegen dauerhaft oberhalb von 5500 Metern leben.

Hier auf 4400 Metern hält es auch kaum einer aus. Fast alle, die wir hier gerade angekommen sind, leiden an Kopfschmerzen,

Übelkeit und wir erschrecken uns, wenn das Herz schneller schlägt. Wir müssen uns einige Tage akklimatisieren, schlafen, ausruhen, Tee aus Koka-Blättern trinken, die roten Blutkörperchen vervielfachen, um schließlich ein paar Schritte gehen zu können, ohne völlig erschöpft zu sein. Manchen ergeht es schlimmer: Sie erbrechen, werden ohnmächtig oder bekommen Migräne. Oder noch schlimmer: Sie leiden unter Ödemen, die Lungen oder das Gehirn schwellen und sie sterben.

Alicia lassen sie hier leben – wo sich fast nicht leben lässt.

Das Haus ist ein Aussichtspunkt über das andine Hochplateau: eine ocker- und salzfarbene Ebene, die unter der Sonne flimmert und sich zum blauen Himmel hin auflöst. Kein Baum wächst. Alles ist Stein und Licht. Hier und da wölben sich einige Hügel, aber man hat den Eindruck, die Welt würde schon müde hier oben ankommen, und aus diesem Grund ist die Erscheinung des Cerro Rico so beeindruckend: ein Gipfel, der sich tausend Meter über das marode Hochplateau erhebt. Am Fuß des Berges breitet sich die Stadt Potosí aus, zweihunderttausend Einwohner, mit ihren Vierteln aus würfelförmigen, kleinen Häusern mit Flachdächern, mit ihrem Raster aus dichtgedrängten Zellen, mit einer Geometrie, die wie das Werk von Insekten aussieht. Oder wie ein Lager: ein Lager von Pionieren, die gekommen sind, um einem unbewohnbaren Planeten Reichtum abzugewinnen.

Genau das ist es. Alicia wohnt in einem Gebirge aus reinem Silber, das die spanischen Eroberer blendete; das göttliche Geschenk, das ihr Streben belohnte, ihr Imperium festigte und ihre Überzeugungen bestätigte; es ist auch das Quechua-Wort, das im Spanischen übernommen wurde, um unvorstellbaren Reichtum schlechthin zu benennen: *Vale un Potosí.* Will heißen: Es ist ein Vermögen wert.

Alicia wohnt in Potosí, dem Wunderland der märchenhaften Schätze.

Sie grüßt mich, jetzt kann sie, und bittet mich ins Haus. Die Tür ist eine Metallplatte mit einem kleinen Vorhängeschloss, am Türsturz hängen blaue und grüne Bänder und zwei rote Plastikblumen. Im Inneren ist es dunkel, unter den Füßen die Erde, die Augen brauchen eine Weile, um Details zu erkennen. Nach und nach sehe ich, dass die Innenwände des Lehmziegelhäuschens, ein Raum von sechs mal drei Metern, verputzt sind, doch der Putz blättert ab. Und ich höre den Wind durch die Ritzen pfeifen. An einigen Stellen sind die Ritzen mit Pappe überdeckt; zum Beispiel mit einem großen Bild der kleinen Meerjungfrau von Disney, die auf einem Felsen auf dem Meeresgrund sitzt und lächelt, neben einem gelben Fisch, der ebenfalls lächelt, und einem roten Krebs mit hervorstechenden Augen, der seine Scheren begeistert öffnet. Von diesem Disney-Unterwassergrund auf Pappe tropft ein Flecken Feuchtigkeit die Wand entlang. Die undichten Stellen machen den Boden schlammig. Im Dunkeln sehe ich einen kleinen Gasherd auf einem Tisch, ein Bett mit dicken Decken, in dem die Mutter und die zwei Kinder schlafen, ein halbes Dutzend Leinensäcke, um die Kleidung aufzubewahren, drei alte Plastikstühle und noch einen kleinen Tisch, an dem sie essen und an dem Alicia oft ihre Schulaufgaben macht, wie sie mir sagt.

Alicia öffnet ihre Faust und zeigt mir drei bleigraue Steine, durch die sich glänzende Tupfen ziehen: Silberpartikel. Sie hat sie aus der Mine heimlich mitgenommen.

Die Steine wickelt sie in Zeitungspapier ein, bewahrt das Päckchen in ihrem Schulrucksack auf und entfernt sich in eine Ecke, hinter die Kleidungssäcke, um sich umzuziehen. Sie zieht den Arbeitsanzug aus und eine Jeans an, eine blaue Trainingsjacke und eine Wollmütze. Dann setzt sie sich den Rucksack auf und wir verlassen das Haus und gehen den Berg hinunter.

Vierzehn Jahre ist sie alt und ihre Hände sind verwittert, ausgetrocknet und ausgebleicht vom Staub des Berges.

Der Wind fegt über die Hänge, zerrt an den zermalmten Steinen, lässt die Halden knirschen. Der Staub des Cerro Rico gelangt in die Augen, zwischen die Backenzähne und in die Lunge und enthält krebserregendes Arsen sowie Kadmium, Zink, Chrom und Blei, die sich im Blut anreichern, es nach und nach vergiften, Krankheiten beschleunigen und den Körper erschöpfen. Auch Silber ist enthalten: 120 bis 150 Gramm Silber pro Tonne Staub. Jeder Besucher nimmt ein paar Silberpartikel aus Potosí in seiner Lunge mit. Wegen dieser Partikel, um diese Partikel von dem Rest herauszulösen, lebt Alicia in der kümmerlichen Lehmhütte auf dem Berg.

»Früher habe ich die Steine in Pailaviri verkauft. Touristen kaufen sie gerne da. Aber die Pailaviri-Kinder haben mich weggejagt, weil sie auch welche verkaufen. Jetzt gehe ich runter zum Platz.«

»Verkaufst du viele auf dem Platz?«

»Ja, ganz gut. Aber da sind Polizisten.«

Man hört entfernt unterirdische Explosionen. Vom Berg steigt wieder grauer Staub auf, sehr hoch, er fällt langsam, lässt sich auf die Menschen nieder, auf den Bergabhang, dann kommen Lastwagen und wirbeln ihn wieder auf.

Wir steigen zum Bergarbeiterviertel hinab, zuerst zu den unbefestigten Straßen, dann zu den asphaltierten mit Bürgersteig, und wir gehen weitere zwei Kilometer hinab bis zum Platz des 10. November, wo es Gärten, Brunnen und Bänke gibt. Es ist der antike Platz von Regocijo, dem Herzen des kolonialen Potosí. Wenn wir vom Platz aus Richtung Süden schauen, über die Tempel und Paläste hinweg, sehen wir die beeindruckende Pyramide des Cerro Rico. Zwei weibliche Silhouetten auf dem Platz heben sich vom Berg ab, eine Gerechtigkeitsstatue, die ihre Waage hält, und eine Freiheitsstatue, die die Fackel emporstreckt. Zu Füßen der Gerechtigkeit und der Freiheit, auf einer Bank auf dem Platz, holt Alicia aus ihrem Rucksack eine offene Holzkiste mit einem Gitter für neun Einheiten. Sie wickelt die drei versilberten Steine von heute aus und ein paar weitere, die sie in anderen Päckchen mitgebracht hat, und legt sie in die Zellen der Kiste.

Früher ging sie zum Abbaugebiet von Pailaviri, dem ältesten des Cerro Rico, seit dem 16. Jahrhundert in Betrieb; hier verkaufte sie Steine an die Touristen, die in geführten Touren in die Stollen hinabsteigen. Seitdem die Kinder von Pailaviri sie verjagten, geht sie zum Platz hinunter und stellt sich an die Ecke der Straßen Ayacucho und Quijarro. Hier kommen die Touristengruppen entlang, die das Königliche Münzhaus, die Casa de la Moneda, besichtigen. Sie stellt die offene Kiste mit den Steinen zur Schau.

»Señora, kaufen Sie Silbererz. Silber aus Potosí, Señora.«

Sie bittet um fünf Pesitos, zehn Pesitos.

Für einen der Steine gibt ihr eine junge Touristin zwanzig Pesos. Das gleiche Geld, das sie für eine ganze Nacht für das Lorenschieben bekam, bevor man sie zwang, umsonst zu arbeiten. Einmal, erzählt Alicia, hätten Touristen ihr fünfzig Pesos für einen Stein gegeben. Doch die Führer der Touristengruppen und Polizisten verjagen oft die Kinder, die etwas verkaufen. Sie schaut sich immer um.

Hundertfünfzig Meter vom Platz entfernt befindet sich die Casa de la Moneda, eine barocke Festung mit hohen, dicken Mauern, fünf Innenhöfen und zweihundert Zimmern, alle aus gemeißeltem Stein, mit Zedernholzdecken und schmiedeeisernen Gittern. Das Haus bewahrt die alten spanischen Prägemaschinen auf: die Öfen zum Schmelzen der Silberzapfen, die am Cerro Rico gewonnen wurden; die Barrenformen, in die man das flüssige Silber zum Modellieren goss; die Walzwerke, die in Cádiz hergestellt, in Einzelteilen nach Buenos Aires verschifft und auf Maultieren – viertausend Kilo Eisen und viertausend Kilo Holz – bis hoch nach Potosí getragen wurden. In einem der Untergeschosse kann man die Räder besichtigen, die von Maultieren gedreht wurden, um die Walzmaschinen im Obergeschoss anzutreiben.

Außer den Tieren arbeiteten auch von Wachen beaufsichtigte Indigenen an den Öfen und den Maschinen. Sie wurden mit Peitschen angetrieben und gelegentlich in den Kerkern des Gebäudes eingesperrt. Mit den noblen Aufgaben waren die besten numismatischen Handwerker des Reiches beauftragt, Prüfer, Gießer, Schleifer, Präger und Wäger. In der Frühzeit der Spanier wurden in Potosí *Macuquinas* hergestellt: unregelmäßige, mit dem Hammer geprägte Münzen. Aber die aus Cádiz mitgebrachten Walzmaschinen schnitten perfekte Silberscheiben, die dann als kastilische Pesos, Pesos ensayados, Pesos de cruz, Pesos de tres cuartillos, Pesos columnarios, Pesos de busto, Dukaten, Maravedís und Peseten geprägt wurden.

Für Münzen und Barren bauten die Spanier laut dem Bericht des Geografen Pentland in der Zeit von 1545 bis 1825 35 578 Tonnen Silber aus dem Cerro Rico von Potosí ab, die sie mit Maultierkarawanen und Galeonenflotten ins Mutterland transportierten. Bei den heutigen Silberpreisen entspricht dies etwa 17 Milliarden Dollar. Der bolivianische Bergbauingenieur und ehemalige Bergbauminister Jorge Espinoza kam gemäß seinen Berechnungen zum Schluss, dass dies für eine so lange Zeit gar nicht so viel gewesen sei, dass die reale Ausbeute jedenfalls nicht ausreiche, um die Saga des außergewöhnlichen Reichtums von Potosí zu begründen: Die Erträge waren niedrig, viel niedriger als die der heutigen Bergbauunternehmen. Aber das Geheimnis von Potosí war nicht das Silber. Oder es war nicht nur das Silber: Es war die Sklavenarbeit, die sehr niedrigen Abbaukosten, die riesige Gewinnspanne.

Der Reichtum von Potosí war nicht das Silber. Der Reichtum von Potosí war der Indio.

»Den Indios«, schrieb der Historiker Gabriel René Moreno, »wurde jede Kraftanstrengung, jede körperliche Ermüdung, jede blinde Ausdauer zugemutet. Sie waren das, was heute die Tiere für die Fleischproduktion sind, oder das, was der Dampf ist, dessen rohe Kraft mit Pferdestärken gemessen wird. Damals sagte man ›Last von vier Indios‹, ›Pflug von sieben Indios‹, ›Göpel von fünfzehn Indios‹ und so weiter. Sie wurden nach dem Gesetz oder außerhalb des Gesetzes oder wider das Gesetz eingesetzt, was keinen Unterschied machte; Fakt ist, dass sie alle unerbittlich geschunden wurden.«

In der Casa de la Moneda ist auch die »Jungfrau des Berges«, das Gemälde eines anonymen Malers aus dem 18. Jahrhundert ausgestellt, es ist das hervorstechendste der gesamten Bildersammlung. Es zeigt die Verschmelzung zweier Welten, die der Inkas und die der Christen: Die Pyramide des Cerro Rico wird zum Mantel einer gekrönten Jungfrau, die als Berggöttin, Mutter Erde, als christianisierte Pachamama, dargestellt ist. Der Ewige Vater, der Sohn und der Heilige Geist setzen ihr die Krone auf, im Beisein der Erzengel Michael und Gabriel; alle in einer himmlischen Szene mit Wolken und Cherubinen. Unter den Wolken begleiten der Sonnengott Inti und der Mondgott Quilla die Krönung. Vicuñas, Guanakos und Pferde laufen entlang des Mantels der Jungfrau, der die Hänge des Cerro bildet. Der Berg ist von einem Netz von Stollen durchzogen. Und in ihm werden allegorische Szenen dargestellt: der große Lärm, der die Vasallen des Inka-Kaisers Huayna Cápac vertrieb, als sie versuchten, den Hang zu durchbohren, und dann, in spanischer Zeit, die zufällige Entdeckung von Silber durch den Indigenen Huallpa. Am Fuße des Cerro stehen betend und dankend links der Papst, ein Kardinal und ein Bischof und rechts Kaiser Karl V., ein Ritter des Santiago-Ordens und ein weiterer Adliger, der möglicherweise das Gemälde bezahlt hat. Mittendrin, am Fuße des Berges, die Weltkugel.

Das gesamte Erdenreich also zu Füßen des Cerro Rico von Potosí.

Nach einer Stunde hat Alicia auf dem Platz zwei Steine verkauft und dreißig Pesos in der Tasche. Sie geht zur Calle Nogales und hebt die Hand, um einen Kleinbus anzuhalten: ein Gemeinschaftstaxi. Für zwei Pesos fährt er sie bis zum Bergarbeiterviertel, das am höchsten und ihrem Haus am nächsten liegt.

Einmal hat sie mit ihren Schulkameradinnen die Casa de la Moneda besucht. Sie sah die großen Maschinerien mit Antriebsrädern und Zahnrädern, die Öfen, die Räume mit den Gemälden der Vizekönige, die Altarbilder, die Samtstühle, die Perlmutttische, die Rahmen aus Blattgold, die Münzsammlung, die Räume mit dem Tafelsilber: Silbertische, Silberkelche, Silberterrinen, Silbervasen, Silberheilige, Silberrüstungen. Aber etwas anderes hat sie am meisten beeindruckt.

»Die Kinder.«

Im Archäologieraum werden in Vitrinen verschiedene Paare an mumifizierten Kindern ausgestellt. Manche sind indigene Kinder des 12. und 13. Jahrhunderts, nur Knochen und Haare.

Andere, kaum größer als Babys, sind spanische oder kreolische Kinder des 18. Jahrhunderts, mit Mützen, Spitzenkleidern und Schühchen.

Der mächtige Huayna Cápac, elfter König von Cusco, dritter Kaiser von Tahuantinsuyo, besaß stapelweise Gold und Berge an Silber. Die Statuen seiner Vorgänger im Palast waren aus Gold; die Bäume, die Kräuter, die Blumen in seinen Gärten aus Gold; bis hin zu den Mahlsteinen für Mais.

Er stellte sich den Armeen der Guaraní entgegen, die in seinen peruanischen Provinzen große Verwüstungen anrichteten, und nachdem er sechstausend von ihnen vernichtet hatte, wurde er in Cantumarca mit großen Feierlichkeiten empfangen. Dort sah er einen Berg, der Sumac Orcko (schöner Berg) genannt wurde, er bewunderte seine Erhabenheit und Schönheit und sagte zu seinen Höflingen: »In seinen Eingeweiden wird er viel Silber besitzen.«

Der Inka Huayna Cápac befahl, die Minen des Cerro Hermoso auszubeuten und das Edelmetall abzubauen. Seine Vasallen brachten die Werkzeuge aus Feuerstein und Hartholz, stiegen die Hänge hinauf, erkundeten die Flöze, und als sie begannen, dem Berg die Adern zu öffnen, erhob sich ein Gebrüll, das den ganzen Berg erschütterte. Eine raue Stimme durchschnitt den Himmel: »Nehmt nicht das Silber aus diesem Berg, denn es ist für andere Besitzer.«

Erschrocken suchten die Indigenen den König auf und erzählten ihm, was geschehen war. Als sie von dem Moment berichteten, als die Stimme zu hören war, sagten sie »potocsi«, was in ihrer Sprache »großer Lärm« bedeutet. Und davon leitete sich später, unter Wegfall eines Buchstaben, der Name Potosí ab.

Huayna Cápac prophezeite, dass nach seinem Ableben Menschen in das Königreich eindringen würden, die man noch nie zuvor gesehen oder sich vorgestellt habe, die seinen Söhnen das Imperium entreißen, sein Land umwandeln und seine Religion zerstören würden.

Dies ereignete sich den Berichten des Chronisten Bartolomé Arzáns de Orsúa y Vela zufolge 83 Jahre vor der Entdeckung des berühmten Berges durch die Spanier.

Zu jenen Zeiten, schreibt Arzáns, gingen die Indios in die Berge, um die Edelmetalle zu schürfen, denn sie wussten um die Geheimnisse und wo die Adern waren. Aber als sie die Habgier der Spanier erkannten und barbarisch behandelt wurden, verschlossen sie die Minenöffnungen, und alles, was sie aus dem Berg gewonnen hatten, warfen sie in den tiefen See von Chucuito oder vergruben es an verschiedenen Stellen, wo immer die Nachricht von der Grausamkeit der Spanier sie erreichte. Die Gier der Spanier nach Gold und Silber war so groß, dass sie nie zufrieden waren mit dem, was sie vorfanden, sondern die unglücklichen Indios bedrängten und sie mit aller Härte und entgegen aller Nächstenliebe dazu brachten, die ihnen bekannten Reichtümer zu offenbaren, und sie mit großer Gewalt zwangen, die Edelmetalle herauszuholen.

Die meisten Indios, die diese Unvernunft nicht ertragen konnten, zogen in die entlegenen Provinzen Perus, um unter jenen unbekannten Völkern zu leben; andere nahmen sich das Leben; andere kehrten zu fünfzig oder zu hundert zurück und versteckten sich mit ihren Frauen und Kindern in den Schluchten und Höhlen der Berge, wo sie vor Hunger starben; andere blieben in der Gewalt der Spanier, wurden zu Sklaven gemacht, ohne Vernunft, Gerechtigkeit oder Nächstenliebe.

Man kann also sagen, dass jene Spanier Peru in die Tyrannei geführt haben. Auf diese Weise wurden Millionen von Indios und

Abermillionen an Gold und Silber verbraucht, sodass Peru nicht mehr das war, was es zu Zeiten seiner Monarchen war.

Die zerstörten Reichtümer waren vergänglich, allein durch die Anbetung des wahren Gottes kamen die Indios in den Genuss himmlischer Reichtümer.

So weit Arzáns de Orsúa y Vela.

Für manche war Diego Huallpa Lamahirte an den Hängen des Cerro Rico, dem eins seiner Tiere ausbüxte, er lief ihm hinterher bis zum Einbruch der Dunkelheit, zündete anschließend ein Feuer an und legte sich schlafen. Für andere war er ein Experte in der Silberextraktion, der von den neuen spanischen Herrschern geschickt wurde, um das Gebirge zu erkunden, und auf dem Weg dahin ausrutschte, sich an einer Quinoapflanze festhielt und sie herausriss. Wie auch immer es gewesen sein mag, unter der Asche des nächtlichen Feuers oder zwischen den Wurzeln des Strauches glänzten jedenfalls einige Silberfäden.

Am 1. April 1545 nahm Hauptmann Juan de Villarroel im Namen der spanischen Krone den Berg in Besitz, den Arzáns als berühmten, allerhöchsten, reichsten und unendlichen Cerro Rico de Potosí beschrieb; als einzigartiges Werk der Macht Gottes; einziges Wunder der Natur; perfektes und immerwährendes Weltwunder; Freude der Sterblichen, Herrscher der Berge, König der Gipfel, Prinz aller Erze; Herr über fünftausend Indios, die ihm die Innereien herausholen; Ruf, der durch die ganze Welt schallt; Söldnerheer gegen die Feinde des Glaubens; Mauer, die ihre Pläne vereitelt; Festung und gewaltiges Geschütz, dessen Kugeln sie vernichten; Anziehungskraft für Menschen; Magnet ihres Willens; Sockel aller Schätze; Schmuck der heiligen Tempel; Münze, um den Himmel zu kaufen; Monstrum an Reichtum; Körper aus Erde und Seele aus Silber, der mit mehr als fünfzehnhundert Mündern die Menschen zu sich ruft, um ihnen seine Schätze zu geben; der in allen vier Himmelsrichtungen bekannt ist; seine katholischen Monarchen besitzen ihn, die anderen Könige beneiden sie um ihn, die Nationen preisen ihn alle, bejubeln ihn als mächtig, heißen ihn ausgezeichnet, rühmen ihn als wunderbar, überhöhen ihn als unvergleichlich, feiern ihn als bewundernswert und loben ihn als vollkommen; wer eifrig auf der Suche nach seinem kostbaren Silber ist, eilt wie der Wind, um es zu erhalten, segelt über das Meer, um es zu finden, und stellt die Erde auf den Kopf, um es zu besitzen.

Die Schwarzen, die man aus Angola hierherbrachte, ertrugen weder die Kälte noch die dünne Luft dieser Höhen. Nur wenige Zentner Felsen holten sie heraus, bevor sie vor Erschöpfung starben.

Vizekönig Francisco de Toledo erließ deshalb die Mita, die Pflicht zur Fronarbeit der Indigenen. Anfangs sollten laut Berechnungen der Spanier 4500 Mitayos jährlich in den Minen von Potosí arbeiten, aber angesichts ihres rapiden Wegsterbens entschieden sie sich, drei Schichten zu organisieren, sodass jede Gruppe eine Woche arbeitete und zwei sich erholte. Diese Maßnahme erforderte 13 500 Indios jährlich, die aus sechzehn Provinzen des Altiplano rekrutiert wurden, nicht aus dem Flachland, damit die Höhenkrankheit nicht die Erträge minderte. Sie wurden ein Jahr lang zur Arbeit gezwungen und waren die darauffolgenden sechs frei. So rotierten theoretisch 94 500 Indios im Siebenjahreszyklus, aber wegen des enormen Massensterbens mussten sehr viel mehr herangeschafft werden.

Fast tausend Kilometer gingen manche Mitayos zu Fuß bis nach Potosí. Die spanischen Soldaten kamen in die Siedlungen und holten die Männer mit Waffengewalt. Auch die Lamas nahmen sie mit, beladen mit Kartoffel- und Maissäcken zur Verpflegung während der Reise; und sie nahmen Frau und Kinder jedes Mitayos mit, als Geiseln, um Fluchtversuche zu unterbinden. Es waren wochenlange Gewaltmärsche auf dem Altiplano. Es starben viele kleine Kinder, es trieben die Schwangeren ab oder gebaren Missgeburten, die nur wenige Stunden überlebten.

In den ersten Schichten stiegen die Mitayos voller Schrecken in die Schächte des Cerro Rico hinab. Sie wurden gezwungen, durch Tunnel zu kriechen und mit eisernen Brechstangen Felsgestein herauszuschlagen. Wenn es nicht genug Brechstangen gab, kratzten sie mit Kuhhörnern und bloßen Händen an der Wand. Eine ganze Woche verbrachten sie unter der Erde, dösten ein paar Stunden, aßen Krümel und kauten Kokablätter. Die Koka, die das Erste Kirchenkonzil von Lima 1551 wegen seiner teuflischen Eigenschaften verbot und als Hemmnis für die Christianisierung verurteilte, wurde bald wieder zugelassen, als man feststellte, dass die Mitayos dank ihrer stimulierenden Wirkung zwei Tage ohne Essen auskommen und arbeiten konnten.

Doch selbst damit leisteten die Indigenen nach dem Dafürhalten der Vorgesetzten noch nicht genug. Juan de Matienzo, Gefolgsmann des Königs und künftiger Gouverneur von Potosí, sandte 1567 einen Bericht an König Felipe II: »Die Indios sind sehr ängstlich, faul und töricht; viel Niedergeschlagenheit und Unmut kommen plötzlich über sie, ohne jeden Anlass oder Grund, und wenn man sie fragt, woher es komme, können sie es nicht sagen. Daher kommt, dass sie verzweifeln und sich aufhängen, wenn sie sehr jung oder sehr alt sind, was den Indios jederzeit geschieht, dass sie sich bei jeder kleinen Gelegenheit oder Angst aufhängen. Sie trinken gerne, mögen es, sich zu betrinken und Götzen anzubeten; und wenn sie betrunken sind, begehen sie schwere Verbrechen. Gemeinhin sind sie süchtig nach Frauen. Sie wurden geboren, um zu dienen und mechanische Berufe zu erlernen, die sie auch beherrschen. Sie sind sehr langsam und wollen in keiner Weise gehetzt werden. Sie sind Feinde der Arbeit und Freunde des Müßiggangs, wenn man sie nicht gewaltsam zum Arbeiten treibt.«

Um 1600 erreichten die Bergarbeiter schon eine Tiefe von 700 Metern und benötigten fünf Stunden, um an die Oberfläche zu gelangen, im Schlepptau dreißig oder vierzig Kilo schwere Säcke Erz oder die enormen Lederschläuche voll toxischen Wassers, das sie aus den Stollen schöpften.

»In den erschreckend reichen Eingeweiden dieses bewundernswerten Berges«, schrieb Arzáns, »hallt das Echo der Schläge der Barretas wider, die mit den Stimmen der einen, dem Stöhnen der anderen, dem Geschrei der spanischen Befehlshaber, dem Wirrwarr und unerträglichen Schaffen der einen wie der anderen und dem furchtbaren Getöse der Schießpulverschüsse so sehr dem schrecklichen Rumor der Hölle ähneln. Zahllos sind die, die in seinen Eingeweiden umgekommen sind. Manchmal werden sie von der Erde selbst verschluckt, auf die sie treten, weil diese sich auftut und sie begräbt, wenn sie in Unkenntnis über unterirdische Löcher gehen; ein anderes Mal werden sie von den losen Materialien, die auf sie fallen, begraben; ein anderes Mal fallen sie in die tiefen Gruben und Lagunen, die es darinnen gibt, und ertrinken. Manchmal seht ihr sie schwitzend und mit Metall beladen Seile hinaufklettern, andere Male seht ihr sie an sehr dünnen Stangen zwei-, dreihundert und mehr Stufen hinabsteigen; und manchmal seht ihr sie, weil sie einen Fuß verloren haben, diese Leiter in den Tod hinunterfallen. Auch seht ihr sie manchmal, wie sie Tieren ähnlich auf vier Füßen gehen und ihre Last auf dem Rücken tragen, und manchmal kriechen sie wie Würmer.«

Wenn sie aus dem Untergrund kamen, mussten sie das Erz den Hang hinunter zu den Maschinenhäusern transportieren, es in den Mahlwerken zerkleinern, die vielversprechendsten Stücke zu den Tausenden von Öfen bringen, die vor den Schachteingängen brannten, und das Silber über dem Feuer von den Verunreinigungen trennen. Nach den ersten Jahrzehnten der Ausbeutung, als die reinen Flöze, das weiße Silber, das *rosicler*, die *millma*-Barra, das Rohblei zu versiegen begannen, war es notwendig, die *negrillos*, die Schlacke, den Abraum, jene ärmeren Steine zu nutzen, die mit Quecksilber amalgamiert werden mussten, um das Silber von ihnen herauszulösen. Das Quecksilber, damals *azogue* genannt, wurde in Lederhäuten aus Almadén (Ciudad Real) importiert. Die Mitayos mussten das Erz mit dem Quecksilber mischen und mit den Füßen in großen Behältern umrühren.

Sie vergifteten sich langsam an dem Quecksilber. Sie litten an Juckreiz, die Arme und Beine schliefen ihnen ein, das Zahnfleisch blutete ihnen, sie sahen doppelt oder erblindeten, husteten, hatten Erstickungsanfälle, Schüttelfrost und starben. Als die Besitzer der Maschinen diese Folgen bemerkten, passten sie besonders auf ihre Maultiere auf, da sie manchmal das Quecksilber-Wassergemisch tranken und starben. Sie banden sie fortan weiter weg an. Ein Maultier war viel mehr wert als ein Indio.

Ein Priester namens Marcelo erzählte 1968 dem Schriftsteller Cees Nooteboom die Geschichte einer Schweinekrankheit, die sich in einem bolivianischen Bergarbeiterlager ausbreitete. Die Schweine mussten geopfert werden, da die Krankheit sich auf Menschen übertragen konnte. Aber die Bergarbeiter versteckten ihre Schweine. »Wir haben sie gewarnt: ›Wenn ihr die Schweine nicht hervorholt, sterben euch die Kinder.‹ Sie jedoch standen hartnäckig vor den Betten, unter denen sie die Schweine versteckt hatten, und sagten zu uns: ›Nein, ein Kind kann man jederzeit produzieren, aber wann werden wir wieder das Geld haben, um ein Schwein zu kaufen?‹«

Der fromme Vizekönig Pedro Fernández de Castro schrieb 1670 aus Lima an König Carlos II und beklagte sich über die Grausamkeiten gegen die Indigenen in den Minen von Potosí und Huancavelica. Da diese Schandtaten unter seiner Befehlsmacht verübt wurden, war der Vizekönig besorgt um das Heil seiner eigenen Seele, die er in Gefahr sah.

Der Cerro Rico war der Nabel des Universums. Von Potosí bis zum Pazifikhafen von Arica reiste fortwährend eine Maultierkarawane, beladen mit Silberbarren, die nach Spanien verschifft und von dort aus über die sieben Meere auf die vier Kontinente gelangten und verschwendet wurden – in Form von Luxus, Schulden, Kriegen. Und in der Gegenrichtung wurden feinste Waren aus aller Herren Länder von der Küste hinauf in die Berge gebracht. Der Reichtum und die Habsucht von Potosí riefen sie herbei, von der kaiserlichen Marine eskortierte Galeonenflotten lieferten sie an, von Sanlúcar de Barrameda nach Portobello, über die Landenge von Panama bis zu den Häfen von Callao und Arica, und Maultierzüge transportierten sie von der Küste bis unter den Cerro Rico.

»Da Potosí der Ort der Silberernte ist«, schrieb Arzáns, »holt es so viel hervor, wie die Erdkugel erhaschen will.

Und um in den Genuss des edlen Metalls zu gelangen, wandern und segeln die Menschen mit ihren Gütern, tragen sie über unbekannte und unterschiedliche Meere, Klimazonen und Provinzen hinweg, besteigen eine unendliche Anzahl von Schiffen, die sie von einer Region zur anderen durch die Südsee, den Pazifik, das Mittelmeer, die Adria, das Ionische Meer, das Persische Meer, das Schwarze Meer, das Indische Meer, das Kaspische Meer und den ganzen Rest der Welt tragen, sodass sie alle Königreiche, Provinzen und Städte beglücken mit ihrer weltweiten Maschinerie, die nie zuvor gesehene Dinge zur Vervollkommnung bringt, um zu dienen und zu gefallen, sodass die Städte ihrem geliebten Spanien jede eine andere Art von Waren sendet, mit der es die anderen übertrifft: Granada, Priego und Jaén mit Taft, Seide und Stoffen; Toledo mit Strümpfen und Schwertern; Valencia und Murcia mit Satins und Seiden; Madrid mit Fächern, Koffern und tausend Spielzeugen und Kuriositäten; Sevilla mit Strümpfen, Mänteln und Stoffen aller Art; Vizcaya mit Eisen; Portugal mit reichem Garn; Frankreich mit allen Stoffen, weißen Seidenspitzen, Gold, Silber, Staubgefäßen, Biberhüten und allen Arten von Leinen; Holland mit Leinen und Tüchern; Deutschland mit Schwertern, Stahl und Tischwäsche; Genua mit Papier; Kalabrien und Apulien mit Seiden; Neapel mit Strümpfen und Stoffen; Florenz mit Streifen und Satins; die Toskana mit kostbar bestickten Tüchern und Stoffen von bewundernswerter Schönheit; Mailand mit edlen Gold- und Silberspitzen und reichen Stoffen; Rom mit schönen Gemälden und Tafeln; England mit Tüchern, Hüten und Wollstoffen aller Art; Venedig mit kristallinem Glas; Zypern, Heraklion und die Küsten Afrikas mit weißem Wachs; Ostindien mit Granat, Kristallen, Schildpatt, Elfenbein und Edelsteinen; Ceylon mit Diamanten; Arabien mit Aromen; Persien, Kairo und die Türkei mit Teppichen; Ternate, Malakka und Goa mit allen Arten von Gewürzen, Moschus und Zibet; mit weißem Steingut China und mit Seidenkleidern von außergewöhnlicher Qualität; Kap Verde und Angola mit Schwarzen; Neu-Spanien mit Cochenille, Indigo, Vanille,

Kakao und Edelhölzern; Brasilien mit seinem Palo; die Molukken mit Pfeffer und Gewürzen; Ostindien, Margarita Island, Panama, Cubagua, Puerto Viejo und viele andere mit allen Arten von Perlen, die dort gefischt werden, in etlichen Unzen, Karat, Lot, Quäntchen; Quito, Riobamba, Otavalo, Latacunga, Cajamarca, Tarama, Bombón, Guamalíes, Huánuco, Cuzco und andere Provinzen dieses Indiens mit reichen Tüchern, Baumwollleinen, Decken, Teppichen, Hüten und anderen Stoffen; aus Chachapoyas bringen sie bewundernswerte Schnitte und Muster, die mit aller Feinheit auf sehr brauchbares Leinen gearbeitet sind; aus Tucumán, Santa Cruz de la Sierra, Misque, Cochabamba und anderen Provinzen und Städten kommen sie mit großen Stückzahlen von Wachs, Häuten von Antas, Leder, Stöcken, Bienenhonig, Baumwolle in Flocken und Geweben, Körben und verschiedenen Harzen.

Zusätzlich zu all dem Gesagten gibt es in dieser Stadt sehr kostbare Steine, die aus verschiedenen Teilen der Welt gebracht wurden, wie Diamanten, Smaragde, Pantauren, Rubine, Jacinthen, Topase, Türkise, Saphire, Amethyste, Chalcedone, Balajen und Spinelle, auch zwei Karbunkel wurden in dieser Stadt gesehen. Es gibt auch Venturine, Opale, Granate und eine Fülle von Magnetsteinen, Achaten, Gajate, Korallen, Jaspis und andere weniger bekannte, glänzende Steine.«

In der Hütte von Alicia stehen große, in China produzierte Plastikkanister. Damit wird Alicia gleich Wasser holen.

Es ist Sonntag. Heute Nacht hat Alicia nicht gearbeitet, und sie verbringt einen ruhigen Vormittag. Sie setzt sich an den Tisch und macht ihre Schulaufgaben: Sie soll das Programm eines Radiosenders, mit Nachrichten aus Potosí, Interviews und Musik, zusammenfassen. Sie schreibt in ein großes kariertes

Heft, auf dem Umschlag ein NBA-Basketballspieler. Sie zeichnet drei Spalten in das Heft: Thema, Sendeart (Musik, Gespräch, Bericht und so weiter), Zeit.

»Ich gehe gern in die Schule, aber manchmal macht es mir Mühe, weil ich müde bin.«

Sie listet die Nachrichten auf – Bergarbeiter rufen zum Streik auf, weil sie keine Steuern zahlen wollen, Busunfall mit vier Toten, Fußballspiel zwischen Real Potosí und Nacional Potosí –, sie notiert das Lied »La Ciudad que habita en mí« (»Die Stadt, die in mir wohnt«) der Rockband Octavia und ein Interview mit dem Präsidenten der Nachbarschaftsvereinigung des Bergarbeiterviertels in Concepción. Sie schreibt die Fragen detailgetreu auf – warum wurde er Präsident, was sind die Probleme im Viertel, ob die Nachbarn ihm helfen –, und als sie gerade fertig wird, sagt ihre Mutter, es sei an der Zeit, Wasser zu holen.

Doña Rosa trägt auf ihren Schultern stets ein unsichtbares Tonnengewicht. Sie ist eine untersetzte, gebückte Frau, die noch Kraft hat zu arbeiten, mit ihren schwerfälligen Bewegungen und ihrem leidenden Gesichtsausdruck aber wie eine Greisin aussieht. Dabei ist sie – und ich muss es mir in Erinnerung rufen – 42 Jahre alt. Sie trägt eine Weste aus blauer Wolle und einen schwarzen Hut mit breiter, sehr staubiger Krempe, hinter der ihre Augen versteckt sind.

Alicia und Doña Rosa nehmen die zwei China-Kanister und eine oben abgeschnittene Plastikflasche, verlassen das Haus und gehen hundert Meter bis zu einem Bachlauf. Das Wasser sammelt sich in ein paar braunen Pfützen und verströmt einen leicht stechenden Geruch. Es kommt aus den Minen, Erde und Metalle sind darin enthalten. Doña Rosa bückt sich, füllt die Plastikflasche in einer Pfütze und leert sie in dem ersten Behälter. Das tut sie mehrmals, bis er voll ist.

»Das ist nicht zum Trinken«, erklärt sie mir. »Nur zum Kochen.«

»Weil es sehr schmutzig ist, nicht wahr?«

»Ja. Die von Manquiri schimpfen mit uns, wenn sie uns hier sehen. Die Sicherheitsleute kommen und sagen uns, das Wasser ist schlecht. Aber was soll ich denn machen? Manchmal schicke ich die Kinder zu Care, dort geben sie uns sauberes Wasser in Kanistern, aber sie sind sehr schwer und es ist weit. Wir können nicht immer den Berg rauf- und runtergehen. Die Gemeinde sollte einfach einen Lastwagen schicken, um uns Wasser zu bringen. Aber weil wir ja hier nicht legal wohnen, kommen sie auch nicht. Uns gibt es ja gar nicht, verstehen Sie?«

Mutter und Tochter gehen zurück zur Hütte und tragen dabei die Kanister mit jeweils zehn, fünfzehn Litern.

»Aber nicht dass Sie denken, wir trinken das. Das ist nur zum Wäschewaschen und Kochen. Ich mach damit gerade mal die Nudelsuppe.«

»Und wie schmeckt es?«

»Schon ein bisschen seltsam. Flecken schwimmen darauf, wie Öl.«

»Haben Sie keine Bauchschmerzen davon bekommen oder irgendeine Krankheit?«

»Doch, schon oft. Der Bauch tut fast immer weh, Durchfall. Und dann ist das mit der Niere bei Alicia. Ich weiß nicht, ob es vom Wasser kommt, ich glaube, das ist eher der Staub aus der Mine.«

Die linke Niere von Alicia arbeite nicht, erklärt sie mir. Vor einem Jahr hat es angefangen und sie hat heftige Schmerzen bekommen, sodass sie ins Krankenhaus musste.

»Ganz oft wurde in sie hineingestochen im Krankenhaus. Meine arme Ali. Sie lag ganz ruhig im Bett, ihr Gesicht war blau und ihre Lippen so geschwollen. Nichts hat sie gesagt. Zum Glück hat sie sich erholt.«

Alicia schaut ernst auf den Boden. Sie sagt, sie fühle sich jetzt schon besser.

»Ich nehme ein paar Tabletten. Sie sollen die Niere wiederherstellen, damit sie wieder funktioniert. Wenn nicht, werden sie sie mir am Ende wohl rausnehmen. Ich weiß, dass die Schmerzen von der Arbeit in der Mine kommen. Mein Vater hatte auch Nierenschmerzen.«

Zurück in der Hütte, stellen Doña Rosa und Alicia die Behälter in die Ecke neben dem Gaskocher. Die kleine Evelyn, vier Jahre alt, sitzt auf dem Bett und malt mit Buntstiften ein Stück Pappe an. Evelyn ist die Mini-Version von Alicia: dieselben langen schwarzen Haare, dieselben roten Wangen, dieselben mandelförmigen Augen, aber mit einem freudestrahlenden Gesicht, kichernd, verspielt. Ich sehe die Gesichter der beiden Schwestern, die sich so sehr ähneln, und die sehr unterschiedlichen Gesichtsausdrücke – das Kichern und die Unbekümmertheit des kleinen Mädchens, die Ernsthaftigkeit und das Misstrauen der Teenagerin –, und dieser Kontrast zeigt mir, wie erwachsen Alicia mit ihren vierzehn Jahren ist.

Doña Rosa zeigt mir Evelyns Hände: Sie sind mit schwarzen Warzen übersät.

»Mit einer Schere habe ich sie weggeschnitten, beim ersten Mal. Aber sie kommen wieder.«

Die Umweltschutzorganisation Liga de Defensa del Medio Ambiente untersuchte Staubproben in den Ortschaften rund um den Cerro Rico de Potosí und fand Metallwerte, die weit über den von der Weltgesundheitsorganisation festgelegten Grenzwerten lagen. Sie untersuchten auch mehrere Dutzend Dorfbewohner. Und fanden heraus, dass sie reiches Blut haben:

sehr reich an Arsen, Kadmium, Quecksilber, Zink und Chrom. Sie atmen metallhaltige Luft ein, essen metallhaltiges Fleisch und Gemüse und trinken metallhaltiges Wasser. Sie bekommen Geschwüre, Warzen und Beulen an den Augen, ihre Blutzellen sterben ab, sie leiden an Blutarmut, Geschwüren, chronischer Müdigkeit, Muskelschmerzen, Depressionen, Halluzinationen, die Haare fallen aus, Tumore wachsen, Babys haben neurologische Auffälligkeiten.

»Es ist hässlich, hier zu leben«, sagt Doña Rosa, während sie auf dem Bett sitzt, das sie mit ihren beiden Töchtern teilt. »Durchfall haben die *wawas* (Säuglinge) oft, wir Älteren haben gelbe Zähne, die Alten ersticken. Die Lungen trocknen uns aus, wissen Sie, der Staub dringt ein und bleibt da, bis die Lunge trocken und hart ist. So ist mein Mann gestorben. Und so ersticken wir alle nach und nach.«

Potosí ist das ärmste Departement im ärmsten Land Südamerikas.

Laut einer Studie des Bevölkerungsfonds der Vereinten Nationen aus dem Jahr 2012 sind 94 Prozent der Einwohner Potosís arm – sie sind nicht in der Lage, ihre Grundbedürfnisse zu befriedigen: sich gut zu ernähren, in einer geeigneten Wohnung zu leben, über sauberes Wasser zu verfügen, eine medizinische Versorgung zu erhalten und zur Schule zu gehen. Und 46 Prozent sind extrem arm: Sie verdienen nicht genug Geld, um zu essen und ihr Überleben zu sichern.

Die Menschen, die an den Hängen des Cerro Rico leben, sind die Ärmsten der Armen. In den Vierteln hier leiden drei Viertel der Kinder an chronischer Unterernährung: Einige sterben, andere haben Wachstumsdefizite, sind körperbehindert und geistig unterentwickelt. Einmal am Tag essen sie, irgendeine Suppe mit ein bisschen Reis und ein paar Kartoffelstücken. Sie trinken verunreinigtes Wasser. Atmen Metallstaub ein. Schlafen auf dem Boden mit Matten und Decken, auf mehr als viertausend Metern Höhe.

Von tausend Kindern, die in diesen Familien geboren werden, sterben 188, bevor sie ein Jahr alt werden – fünf Mal mehr als durchschnittlich in Bolivien, zehnmal mehr als im lateinamerikanischen Durchschnitt und vierzigmal mehr als im europäischen. Die Hälfte der Bewohner von Potosí sind Analphabeten. Die Lebenserwartung der Frauen beträgt etwa 45 Jahre; die der Männer etwa 40.

Gegen Ende des 20. Jahrhunderts und zu Beginn des 21. Jahrhunderts wurden im Departement Potosí außergewöhnliche Silber-, Blei und Zinkvorkommen entdeckt. Zudem stieg unaufhaltsam der Erzpreis. Im Jahr 2000 exportierten die Minen von Potosí Erze im Wert von 188 Millionen Dollar; 2008 waren es 1,321 Milliarden; und 2011 2,456 Milliarden. Die von einem japanischen Industriekonzern betriebene Mine San Cristóbal förderte täglich rund 1300 Tonnen Silber-, Zink- und Bleikonzentrate, verschickte sie in versiegelten Zügen zum chilenischen Hafen Mejillones und exportierte sie von dort aus nach Asien, Australien und Europa. Diese Mine war die weltweit drittgrößte Silberproduzentin und die sechstgrößte für Zink. Allein 2010 bezahlte der Konzern für die Mine 147 Millionen Dollar Exportsteuer, fast so viel wie alle anderen bolivianischen Minen zusammen.

Von 2004 bis 2014 lebte Bolivien zehn Jahre lang im Wohlstand, exportierte Erze und Gas, steigerte die Einnahmen, schuf Arbeitsplätze und verteilte den Reichtum mit sozialpolitischen Maßnahmen gegen Ungleichheit und Armut (die Armutsrate sank von 63 Prozent auf 39 Prozent).

Aber Potosí blieb im Elend.

Denn Potosí funktioniert wirtschaftlich als Bergbau-Monostruktur: Die Rohstoffe werden abgebaut, in ausländische Fabriken verschickt und vor Ort bleibt nichts zurück. Die großen Abbaugebiete, die mehr Geld einbringen, sind automatisiert und benötigen kaum Arbeitskräfte. Die Mehrheit der Bergarbeiter arbeitet in Genossenschaften, sie arbeiten mit den Händen und unter sehr prekären Bedingungen. Wer es zu etwas bringt, geht meist nach Sucre, um ein Geschäft zu eröffnen und ein Haus zu kaufen, denn diese Stadt liegt nicht so hoch, das Klima ist angenehmer und das Leben einfacher. Das Geld verlässt Potosí, die Bergbaufirmen schaffen wenige Arbeitsplätze und die eingenommenen Steuern sind nie dazu verwendet worden, die einheimische Wirtschaft zu diversifizieren. Es gibt hier keine erzverarbeitende Industrie, keine Bergbau-Zulieferer-Jobs, nichts entwickelt sich, in nichts wird investiert. Die Zentralregierung übernahm einen geringen Anteil der Sozialausgaben von Potosí – für Gesundheit, Abwasserentsorgung, Wohnungen und Bildung –, doch dieser Anteil war geringer, als es im Vergleich mit anderen Departementen der Zahl der Einwohner entspräche, abgesehen davon, dass es das ärmste Departement ist und deswegen überdurchschnittliche Förderung benötigte.

In der Phase des wirtschaftlichen Aufschwungs verkündete die Regierung von Evo Morales 2010 eine Reihe von Investitionen in Potosí: den Bau mehrerer Krankenhäuser, ein Wasserkraftwerk, eine Zementfabrik, mehrere Straßen, einen internationalen Flughafen …

2013 begannen die Preise für Erz zu fallen. Im Juli 2015 erklärte die Regierung angesichts der Streiks und Proteste in Potosí, Flughafen und Zementfabrik seien zu teuer, nur ein Krankenhaus dritter Klasse sollte gebaut, der bestehende Flughafen verbessert und der Gipfel des Cerro Rico weiter gesichert werden, damit er nicht einstürze.

»Alicia, was wären deine Forderungen an die Regierung?«

»Dass sie Wasser und Strom in die Häuser bringen. Hier auf dem Cerro Rico haben wir nichts.«

»Und Sicherheit auch«, sagt Doña Rosa. »Wir werden ständig beklaut. Die Maschinen der Genossenschaft lassen sie mitgehen und wir sitzen auf den Schulden.«

Weil Sonntag ist und keine Bergarbeiter da sind, nimmt mich Alicia in den Stollen mit, in dem sie arbeitet. Ein Leichtes: Man muss nur aus ihrer Hütte treten, zwanzig Meter gehen, einen Helm aufsetzen und den Schienen in den Berg hinein folgen. Man betritt einen zwei Meter hohen und anderthalb Meter breiten Stollen, gerade genug Platz für die Loren.

Wir machen das Licht an den Helmen an. Kaum sind wir in dem Stollen, treten wir in orangefarbene, schlammige Pfützen. Alicia, die vor mir ist, rät mir, auf den Schienen zu gehen. Ich kann kaum Schritt halten, so ungeschickt bin ich, jeden Tritt ertaste ich neu, gehe gebückt, um nicht an die Decke zu stoßen. Ab und zu dreht sie sich um, lächelt ein wenig, wartet auf mich und sagt nichts.

Plötzlich bleiben wir stehen. Sie zeigt auf die Wand und anfangs sehe ich nur einige Plastikfähnchen, die am Felsen befestigt sind, und einige Kokablätter auf dem Boden. Dann erkenne ich so etwas wie ein in die Wand geritztes Oval, ein plumpes Gesicht mit blinden Augen und auffallend dicken Lippen: Der Tío ist es oder soll es sein. Ein rudimentärer Tío in einem bescheidenen Stollen, denn in jedem der Zugänge zum Cerro Rico werden dem unterirdischen Geist Opfergaben dargeboten.

»Betest du zum Tío?«

»Ja, manchmal bringe ich ihm ein paar Kokablätter und werfe sie hierhin. Oder ich zünde ihm eine Zigarette an und gebe sie ihm.«

»Und sagst du etwas zu ihm?«

»Ja.«

»Was sagst du denn zu ihm?«

»Weiß nicht. Ich sag, Tío, ich komme zum Arbeiten, du wirst mir helfen, wirst mir Erz geben, auf mich aufpassen. Hier hast du deine kleine Koka. Ich brauche Glück, damit mir nichts passiert. Tío, der Stollen soll nicht einstürzen.«

»Ein Bergarbeiter hat mir gesagt, dass Frauen nicht in die Mine dürfen. Dass der Tío sich in sie verliebt und dann Pachamama eifersüchtig wird und das Erz versteckt.«

Alicia schenkt dem ein halbes, skeptisches Lächeln.

»Ja, wir Frauen dürfen nicht in die Mine. Und das Gesetz sagt auch, dass wir Minderjährigen nicht in die Mine dürfen.«

»Finden die Bergarbeiter der Genossenschaft es gut, dass du in die Mine gehst?«

»Ja, weil ich arbeite wie sie, aber sie zahlen mir weniger. Einem Lorenfahrer zahlen sie achtzig Pesos am Tag, oder hundert Pesos. Mir zahlen sie für das Gleiche zwanzig. Nun ja, jetzt bezahlen sie mich gar nicht mehr.«

Sie streckt die Hand aus, um den Tío sanft zu streicheln, und wir gehen weiter. Manchmal, erklärt Alicia, bleibe die Lore im Schlamm stecken und entgleise. Dann hängt sie sich an eine Seite des Waggons, versucht ihn ein wenig zu kippen, damit die andere Seite sich anhebt und die Räder wieder auf die Schiene aufsetzen.

Andere Male besteht die Gefahr in dem zu hohen Tempo. Die Bergarbeiter schieben Loren mit mehreren Hundert Kilo schwerem Inhalt; bergabwärts fahren sie so schnell, dass sie trotz des

Gewichts aus der Kurve fliegen können. Wenn sich der Lorenfahrer – oder die Lorenfahrerin – dann an der falschen Stelle aufhält, kann es passieren, dass sie zwischen Lore, umgekippter Fracht und Wand zerquetscht werden.

Alicia zeigt auf einen kleinen Seitentunnel, eine Höhle, die sich auf Höhe der Erde öffnet und die man nur betreten kann, wenn man sich auf den Boden legt und hineinkriecht …

»Wie eine Echse.«

… und es ist eine jener Stellen, an denen sich Gas ansammeln kann.

»Da in der Nähe gibt es einen Stundenbrunnen.«

»Stundenbrunnen?«

»Ja, in manchen Stunden tritt Gas aus, in anderen nicht. Da in der Nähe haben sich einmal zwei Bergarbeiter hingesetzt, um ihre Koka zu kauen, und sind eingeschlafen. Das Gas hat sie erwischt. Daran sind sie gestorben. Wenn Gas austritt, ist das ein übler Geruch. Dein Kopf fühlt sich plötzlich komisch an, wie ein bisschen schwer, dir wird schwindlig, du siehst schlecht. Dann musst du schnell den Stiefel ausziehen. Du ziehst den Stiefel aus, steckst ihn dir so drauf, über Nase und Mund, atmest dann in dem Schuh und rennst raus.«

Alicia erzählt vom Gas, von den Entgleisungen und anderen Dingen, die ihr Angst machen: die Einstürze, die Schmerzen in der Schulter, die wochenlang anhalten, die staubhaltige Luft, die sie von innen vergiftet und ihr schon eine Niere lahmgelegt und die ihren Vater getötet hat. Ihr Vater starb, als sie acht Jahre alt war: Er hustete und hustete, konnte nicht aufhören zu husten, er wurde ganz rot davon, versuchte mit dem ganzen Körper zu atmen, brachte ein Pfeifen hervor, das ihr große Angst machte, erstickte. Er erstickte letztlich, zu Hause. Sie war dabei. Sie erzählt, ungern nur, von den Bergarbeitern, die viel trinken und sie belästigen. Was heißt »belästigen«, will ich wissen: Zwei ihrer Freundinnen, vierzehn und fünfzehn Jahre alt, wurden von Bergarbeitern vergewaltigt und schwanger.

All diese Ängste nimmt sie auf sich, denn eine andere, größere Angst setzt ihr noch mehr zu: »Neulich ist in Pailaviri ein Baby gestorben, weil sie nicht genug zu essen hatten.«

Alicia hat eine vierjährige Schwester, ihre Mutter hat Schulden, manche Wochen reicht das Geld nicht, um Reis zu kaufen, Nudeln, Kartoffeln, sodass sie in die Mine muss, Loren schieben, Staub einatmen, sich vor Einstürzen fürchten.

Der Stollen wird mit Eukalyptuspfosten gestützt, aber an einigen Stellen wölbt sich die Decke wie der Bauch eines Esels.

Am Ende des Stollens sind Berge losen Gesteins. Gestern legten die Grubenarbeiter Dynamitstangen, zündeten die Lunte an, liefen hinaus, das Dynamit explodierte, die Felsen zersprangen, die Staubschwaden senkten sich, sodass die Bergarbeiter – und die Bergarbeiterin – morgen mit leeren Loren hierherkommen und das Felsgestein wegschaufeln werden. Sie werden auch die Teile an der Wand abtragen, die zwar halb gebrochen sind, sich aber nicht vollständig gelöst haben.

»Davor habe ich am meisten Angst. Manchmal hält ein Stein den ganzen Stollenabschnitt, aber niemand weiß es, und wenn du diesen Stein wegnimmst, fällt alles zusammen.«

Auf unserem Rückweg erzählt Alicia eine Legende.

»Man sagt, dass noch niemand bis in die Mitte des Berges gekommen ist und dass dort alles aus reinem Silber ist.«

»Und glaubst du das?«

»Nein.«

Perla ist eine weiß-schwarz-braune Mischlingshündin, jung, nervös, sie rennt um die Hütte von Alicia herum und bellt, sobald sie irgendetwas Fremdes sieht. Perla geht auf eine schwarze, abgezehrte Katze zu, packt sie mit dem Maul am Nacken, nimmt sie hoch und läuft mit ihr hin und her.

Alicia lacht.

»Die Katze ist es schon gewohnt, alle Hunde, die wir hatten, haben sie so gepackt.«

Alicia setzt sich auf eine umgestürzte Lore neben die Schienen, die aus der Grube führen. Heute ist Mittwoch. Sie hat nicht gearbeitet und auch keine Steine unten auf dem Platz verkauft. Morgens ist sie in die Schule gegangen und den Nachmittag verbringt sie zu Hause. Sie trägt ein T-Shirt mit einem rosaroten Panther darauf, eine braune Trainingsjacke mit gelben Ärmeln und um ihren Hals hängt eine Kordel mit dem Haustürschlüssel.

»Hattet ihr viele Hunde?«

»Ja. Alle haben sie uns vergiftet. Sie warten darauf, dass wir nicht zu Hause sind, dann kommen sie und werfen ihnen vergiftetes Fleisch zu.«

Bei Alicia sind ihre Mutter Doña Rosa und Doña Leona, sie haben sich zwei halb kaputte Plastikstühle geholt und sich zu Alicia auf den Minenvorplatz gesetzt. Beide kauen Koka: Sie nehmen die Blätter in den Mund, speicheln sie ein, machen eine Kugel daraus, behalten stundenlang die Kugel zwischen Zunge und Wange. Beide sind verwitwet, beide blieben beim Tod ihrer Ehemänner ohne Einkommen und mit mehreren Kindern zurück, Doña Leona mit sieben Kindern, Doña Rosa mit vier Kindern: Nebst Alicia und Evelyn sind das eine erwachsene Tochter, die sich Arbeit in Oruro suchte, und ein erwachsener Sohn, der nach Porco ging, aber zurückkehrte, um wieder in der Mine zu arbeiten; er wohnt heute zur Miete in der Stadt. Doña Rosa und Doña Leona mussten ihre Wohnungen, in denen sie in der Stadt lebten, verlassen und sie nahmen beide das bei der Bergbaugenossenschaft übliche Angebot für Witwen an: Wohnrecht in einer Lehmziegelhütte oben auf dem Berg neben einem der Stolleneingänge. Hier oben haben sie weder Wasser noch Licht, sie frieren, werden nass und aufgrund der Luftverschmutzung krank, aber sie bezahlen keine Miete. Und haben eine Arbeit: als Wächterinnen. Sie passen auf, dass niemand Fremdes in den Stollen geht, und bewachen die Hütte mit den Bohrmaschinen, Werkzeugen, Stiefeln und Arbeitskleidern der Bergarbeiter. Dafür erhalten sie 40 Euro im Monat – wobei das Mindesteinkommen in Bolivien 85 Euro beträgt. Sie dürfen auch als *palliris* arbeiten: die auf dem Vorplatz verstreut liegenden Steine, die von den Loren fallen, wegfegen, aufeinanderschichten und mit Hämmern einige Gramm Mineral herausklopfen. Diese wenigen Gramm verkaufen sie, um ihr Überleben zu sichern. Wenn es nicht ausreicht – das heißt also fast immer –, arbeiten die großen Kinder in der Mine und verdienen ein wenig Geld hinzu.

Alicia ging mit zwölf Jahren zum ersten Mal in die Mine. Sie sollte Loren schieben und bekam dafür zwanzig Pesos, etwas mehr als zwei Euros, für jede Nacht Arbeit unter Erde.

Sie wurde bezahlt.

Sie wurde bezahlt, bis eines Sonntags Doña Rosa, Alicia und die kleine Evelyn für gerade mal ein paar Stunden das Haus verließen und die Katastrophe geschah.

»Kann ich nicht mal ein, zwei Stunden aus dem Haus?«, fragt Doña Rosa. Sie schaut auf den Boden, tiefe Furchen im Gesicht, schmallippig. Und wenn sie spricht, verschränkt sie ihre dicken, von Arthrose gekrümmten Finger und presst sie zusammen.

An jenem Sonntag im Dezember, erinnert sie sich, sei sie zur Hilfsorganisation Care hinuntergegangen, die ihren Sitz in einem kleinen Gebäude an einem der Hänge des Cerro Rico hat, um an einem Nähkurs teilzunehmen. Die beiden Mädchen nahm sie mit, denn sonntags gibt es bei Care Essen für die Bergarbeiterfamilien.

»Keine zwei Stunden war das Haus allein«, sagt Doña Rosa. Sie schluchzt, beherrscht sich, presst wieder ihre Finger und entscheidet sich dann für die Wut. »Kann ich nicht einmal zwei Stunden weggehen, damit meine Mädchen essen können?«

Nach dem Essen bei Care blieb Doña Rosa für den zweiten Teil des Kurses und schickte die Kinder den Berg hinauf nach Hause zurück, mit einem Trinkwasserbehälter voll sauberen Wassers, den die Organisation ihnen gegeben hatte.

Alicia und Evelyn stiegen die Geröllfelder des Cerro hinauf. Als sie zum Haus kamen, sahen sie, dass jemand die Tür des Lagers aufgebrochen hatte, dort, wo die Werkzeuge der Bergarbeiter aufbewahrt waren. Alicia schaute ängstlich in die halbdunkle Hütte und rannte dann den Berg hinunter.

»Ich erinnere mich genau, wie sie ankam«, sagt Doña Rosa. »Sie kam weinend in den Saal gelaufen. Ganz aufgebracht war sie. ›Mami, Mami, sie haben die Maschinen gestohlen!‹ Meine arme Kleine. Wir sind schnell hochgelaufen. Drei Bohrmaschinen mit Kolben hatten sie mitgenommen. Jede war 700 Dollar wert. Und noch drei nagelneue Bohrhammer. Es tut mir weh, wenn ich daran denke. Wie meine Mädchen weinten. Und ich sah sie weinen und musste selbst noch mehr weinen. Mein Gott, wer ist denn so skrupellos und tut uns das an?«

Die Bergarbeiter der Genossenschaft beschlossen, wie üblich in solchen Fällen, dass Doña Rosa ihnen den Kaufwert der gestohlenen Materialien ersetzen müsse: mehr als 2000 Euro. So viel, wie sie und ihre Tochter in anderthalb oder zwei Jahren verdienten. Die Hälfte des Monatsgehalts der Mutter behalten sie seitdem ein, wie sie auch die Nachtarbeit ihrer Tochter Alicia nicht mehr bezahlen, so lange, bis die Schulden beglichen sind.

So begann Alicia gratis in der Mine zu arbeiten und Steine mit Silberflecken heimlich mitzunehmen, um sie an Touristen zu verkaufen.

»Sie haben uns alle bestohlen, alle, allesamt haben sie uns bestohlen«, sagt Doña Lorena, die Tante von Alicia, eine Frau um die fünfzig, mit dem müden Gesicht einer Siebzigjährigen, tiefliegenden Augen, einer großen Warze an der Nasenwurzel. Sie trägt Ohrringe, eine kleine, rote Wollmütze, aus der die weißen Haare hervorquellen, und ein schwarzes Wolltuch über den Schultern. »Oft sind die, die uns bestehlen, die Zweithände.«

»Zweithände?«

»Ja, Handlanger. Zweithände nennt man sie. Die Genossenschaftsmitglieder haben Handlanger, ihre Untergebenen, nicht wahr, damit sie für sie arbeiten. Sie bekommen keinen Vertrag, keine Versicherung, nichts, und manchmal bekommen sie nicht mal ihr Geld. Das wollen sich die Handlanger nicht bieten lassen und versuchen die Mitglieder zu bestehlen. Sie wissen, wo die Werkzeuge sind, sie wissen ja, dass wir sie bewachen. Wenn die Bergarbeiter nach Hause gehen, kommen die Handlanger, um das Material zu stehlen. Deswegen haben wir immer Hunde, damit sie bellen, falls jemand nachts kommt. Wenn ein Dieb kommt, lassen wir Dynamit explodieren. So erschrecken sie sich. Oder wir blasen in unsere Pfeifen, so laut pfeifen wir, dass die anderen Wächterinnen kommen. Aber manchmal bekommen wir es nicht mit. Sie kommen in der Nacht und werfen dem Hund ein Stück Fleisch zu. Ein Stück Fleisch ist immer gut, oder? Gift tun sie hinein. Sie vergiften die Hunde. Und so haben sie uns alle bestohlen.«

Doña Lorena ist Vorsitzende des Vereins der Wächterinnen von La Plata, einem der Gebiete des Cerro Rico. Es ist ein bescheidener Verein. Fünfzehn Frauen, fast alles Bergarbeiterwitwen.

»Fünfzehn Wächterinnen sind wir. Und wir fünfzehn wurden alle schon mindestens einmal bestohlen. Einige öfters, dreimal, viermal, fünfmal. Und dann müssen wir ohne Lohn arbeiten, um der Genossenschaft die Schulden abzubezahlen.«

Einmal wachte Doña Lorena nachts um drei auf, vom Geräusch eines Jeeps in der Nähe. Sie ging aus dem Haus und sah, wie zwei Männer die Achsen und die Räder einer Lore abbauten.

»Jedes Rad ist siebenhundert Pesos wert«, sagt sie. »Damals hatte ich Glück, denn es tauchte ein anderes Auto mit Bergarbeitern der Genossenschaft auf. Sie haben Lichter in der Gegend gesehen und es kam ihnen verdächtig vor. Sie sind schnell gekommen, haben Lärm gemacht und die Diebe angeschrien. Die sind schnell weggerannt. Die Achsen und Räder sind schwer, sie haben sie auf dem Boden gelassen und sind verschwunden. Ein andermal nachts hatten wir nicht so viel Glück. Wir haben nichts gehört, schliefen alle in der Hütte, mein Töchterchen Alexia, mein Enkelchen Robert und ich. Ein paar Männer kamen und haben die vier Räder einer Lore mitgenommen. Daraufhin mussten wir drei Monate ohne Lohn arbeiten. Alexia hat in der Mine nach Arbeit gefragt, um Erz zu suchen, damit sie ein bisschen Geld verdient, sonst würde es zum Essen nicht reichen.«

Alicia hört ihrer Tante zu. Ihr scheint es ein wenig unangenehm zu sein, ihr wäre es vielleicht lieber gewesen, etwas anderes als diese ewig gleichen Geschichten zu hören.

»Wir Wächterinnen bezahlen immer für etwas, was wir nicht getan haben«, sagt Doña Lorena. »Traurig ist unser Leben. Kaum ist eine Strafe beendet, kommt die nächste. Ich lebe hier schon sechs Jahre auf dem Cerro und kann mich nicht daran gewöhnen. Krank werden wir hier alle. Ich habe heftige Kopfschmerzen, ich glaube, es sind die Nerven, weil ich nicht gut schlafe. Ich stehe immer erschöpft auf.«

Das Erzählen von Schmerzen ruft andere Schmerzen wach. Doña Rosa fasst sich mit der Hand an den Nacken.

»Letztes Jahr bin ich auf einer Abraumhalde gestürzt. Mit dem Kopf auf einen Stein. Ich habe stark geblutet. Ach, mein Gott. Ich bekam Schmerzen vom Nacken an aufwärts, hier hinten. Immer noch. Mir machen die Schmerzen Angst. Ich fühle mich sehr müde, ganz kraftlos. Und als sie uns ausraubten ...«

Ein Seufzer entweicht ihr, als sie sich an den Raub erinnert, an die Schulden, die Sklavenarbeit. Sie hält sich zurück, holt einen tiefen Atemzug und spricht weiter.

»Manchmal weine ich, aber nie vor den Mädchen. Alicia weint schon genug. Ich bin verzweifelt. Ich fühle mich hier kalt in meiner Brust. An manchen Tagen geht es mir besser, da bin ich gut drauf, habe Energie, fege das Erz, zerklopfe die Steine, denke, dass ich meine Ladung schnell schaffe, bald mehr Geld haben werde, und dann bin ich zufrieden. An anderen Tagen habe ich starke Kopfschmerzen und denke, dass ich den Tag nicht überleben werde. Ich weine um meine Töchter. Was wird aus meinen Töchtern? Meine Schwester hat sieben Kinder und viele Enkel, sie kann sie nicht aufnehmen. Meine Mutter ist sehr alt und kann jeden Tag sterben. Mir ist viel Unglück passiert. Ich habe meinen Mann verloren, habe meinen Vater verloren, meine Töchter haben ein sehr schlechtes Leben. Ich möchte von hier weggehen und nie wieder wiederkommen.«

»Komm, Perla«, die Hündin streift um Alicias Beine, sie nimmt sie auf den Arm.

»Meine Hoffnung sind meine Töchter«, sagt Doña Rosa. »Alicia arbeitet viel, ist mutig, eine gute Schülerin. Ich möchte, dass sie eine gute Arbeit bekommt, aus ihr etwas wird, nicht wie ich.«

Dass Alicia nachts arbeitet, war ihr Wunsch: So kann sie morgens zur Schule gehen. Sie will auf das Colegio nicht verzichten. Um von der Mine wegzukommen, um ihrer Mutter und ihrer Schwester zu einer Wohnung in der Stadt zu verhelfen, muss sie lernen und eine Arbeit finden.

»Was möchtest du werden, wenn du groß bist, Alicia?«

»Ärztin.«

»Warum?«

»Um die Kinder des Cerro kostenlos zu heilen.«

Sie lächelt ein wenig.

»Aber manchmal schlafe ich in der Schule ein.«

Ich kehre nach Hause zurück und schreibe eine Reportage mit der Geschichte von Alicia und anderen Kindern.

In den kommenden Monaten telefoniere ich ab und zu, mal mit Doña Rosa, mal mit Alicia, aber immer ist die Verbindung schlecht und die Unterhaltungen sind nur kurz. Manchmal ist auch das Telefon nicht aufgeladen oder ohne Empfang. Ich höre auf, mit ihnen in Kontakt zu treten, aber über Cecilia Molina, die Direktorin von Cepromin, erfahre ich Neuigkeiten von ihnen. In einer ihrer Nachrichten erzählt sie mir von einer Vereinigung, die die Kinder gegründet haben, die arbeitenden Jungen und Mädchen und die Jugendlichen vom Cerro Rico. Sie haben eine Versammlung abgehalten und gewählt: Alicia ist jetzt ihre Vorsitzende.

Der Baron und die Prinzessin

Als ich nach Bolivien zurückkehre, sind seit meinem ersten Besuch zwei Jahre vergangen.

Ich fahre nicht direkt nach Potosí. Mit dem Bus reise ich von La Paz nach Oruro, um das zum Museum gewordene Haus von Simón Patiño zu besuchen – dem bankrotten Bergarbeiter, der genau an die richtige Stelle eine Dynamitkartusche legte und zum fünftreichsten Mann der Welt wurde. In Oruro werde ich auch Dora Camacho interviewen, die Vorsitzende des Komitees der Bergarbeiterhausfrauen, jenen, die eine Militärdiktatur stürzten und jetzt ertragen müssen, dass die Bergmänner sie auslachen, wenn sie versuchen, auf Versammlungen zu sprechen.

Dann begebe ich mich von Oruro nach Llallagua. Der Bus fährt Richtung Süden über eine 3800 Meter hohe Ebene. Aber vielleicht ist »fahren« nicht das passende Verb. Auf dem andinen Altiplano gleitet ein Bus dahin. Ich spüre die leichten Bewegungen und das Schnurren des Motors, stundenlang, nehme vage wahr, dass wir vorwärtskommen, aber am Fenster ziehen die gleiche braune Ebene und der gleiche blau-weißliche Himmel vorbei. Das langsame Tempo und der stark hochtourige

Motor des Busses verstärken den Eindruck von Ozean, als ob er gegen die Wellen stampfen würde.

Schuld ist die Höhe. Hier oben, so weit oben, fast viertausend Meter über einem nicht vorstellbaren Meer, verliert die Atmosphäre an Druck und die Moleküle zerstreuen sich. Wenn ein Motor auf dem Altiplano Luft ansaugt, kommen viel weniger Sauerstoffmoleküle an als auf Höhe des Meeresspiegels. Zum Vergleich: Wenn er an der Küste 100 Moleküle ansaugt, sind es auf dem Altiplano lediglich 55. Bei so wenig Sauerstoff verbrennt der Motor nur wenig Treibstoff und erzielt wenig Kraft. Um das wettzumachen, muss er viel öfter pro Minute Luft ziehen. Zwar sollte ich mich hüten vor billigen Metaphern, aber auch die Luft für politische Veränderungen ist in Bolivien sehr dünn und deswegen braucht es wohl mehr Umdrehungen, mehr Revolutionen, um das Gleiche wie andernorts zu erreichen.

Der Bus, Schiff des Altiplano …

(Einmal flog ich von La Paz nach Cochabamba, um Gregorio Iriarte, den Priester der Minen, zu interviewen, und die Stewardessen gaben ihre üblichen Anweisungen, wie etwa sich die Rettungswesten anzuziehen, falls wir ins Meer fielen – bei einem Inlandsflug in Bolivien. Und die Stewardessen breiteten die Arme zu den Gängen aus, zeigten die Ausgänge, zogen die Westen an, simulierten das Aufblasen, wir Passagiere erschufen das Phantommeer, spürten es als Teil Boliviens, so wie man eine amputierte Gliedmaße spüren soll, und als die Ansage zu Ende war, hatte man fast Lust zu rufen: »Bolivien bis zum Meer, Carajo!« – bis zu jenem Meer, auf das das Land 1904 endgültig per Vertrag verzichtete, in erster Linie, weil es den Bergbau-Oligarchen gelegen kam. Denn Chile erlaubte als Gegenleistung zum dauerhaften Verzicht auf Meerzugang den Bau einer Eisenbahnlinie für den Transport des Erzes an die Pazifikküste. Der bolivianische Staat wurde schließlich von Bergbauunternehmern regiert, und andere als deren Interessen zählten nicht. Und das Land nahm es hin, eingesperrt zu bleiben und nie wieder dagegen zu protestieren, verdammt zur Isolation und zur Armut. Und so konnten die Erzzüge zum Meer fahren, und einmal mehr wurde der Reichtum Ursache für Armut: denn eine Überfülle an Rohstoffen zu besitzen, hat oft schon schwachen Ländern, die im Besitz weniger waren, Unglück gebracht.)

... der Bus, Schiff des Altiplano, wendet den Bug gen Osten und steuert auf die Höcker am Horizont zu. Aus der Ferne sehen sie wie ein bescheidenes Gebirge aus, doch dann schlängelt sich die Straße durch Engpässe, hinunter in tiefe Schluchten und dann wieder steil hinauf, immer nah am Abgrund.

Sonne, Wind und Eis lassen diese Hänge abbrechen, sintflutartige Regenfälle spülen sie weg. Die Berge lösen sich allmählich in der Ebene auf.

In Llallagua haben sie die Berge abgetragen und neue geschaffen. Millionen Tonnen Fels wurden abgebaut, einen kleinen Anteil wertvollen Erzes extrahierte man und kippte den Rest in die Täler, sodass Hügel sich formten. Nun schlängelt sich die Straße durch diese trockene Gebirgskette aus natürlichen Bergen und künstlichen Schutthaufen, und von weitem ist es schwierig, sie zu unterscheiden.

Von nahem erkennt man Unterschiede. Zum Beispiel: In den Bergen sieht man keine Menschen, auf den Schutthaufen schon. Männer und Frauen sieht man, wie sie langsam über die Pyramiden aus Gesteinsbrocken gehen, auf den Boden schauen, sich bücken, einen Stein nehmen, ihn betrachten, wegwerfen oder in einen Beutel stecken und mitnehmen. Die Schutthaufen bestehen aus Steinen, welche die Bergbauindustrie über Jahrzehnte weggeworfen hat, weil ihr Erzgehalt so gering war, dass die Förderung sich nicht rentierte. Heute aber ist es für viele Familien die einzige Möglichkeit, zu ein wenig Geld zu gelangen, mit dem Hammer diese weggeworfenen Steine zu zerteilen und einige Gramm Zinn herauszuholen.

Die Stadt Llallagua, im Departement Potosí, liegt am Fuße des Gebirges mit der historisch größten Zinnader. Sie war das stärkste Zentrum der bolivianischen Gewerkschaftsbewegung, Szenario der Verstaatlichungen der Minen, der Streiks, die Diktaturen zum Sturz brachten, unterirdischer Guerillas, militärischer Massaker – bis die Bewegung sich mit dem Beginn der Privatisierungen 1986 auflöste, als die Bergarbeiter sich in Tausende kleine Genossenschaften versprengten und es weder eine zentrale Arbeiterbewegung mehr gab noch eine politische Avantgarde.

Der Politikwechsel war einschneidend: Inmitten der Trümmerpyramiden von Llallagua entstand die Bewegung der arbeitenden Kinder in Bolivien.

»Als ich Bürgermeister war, wurde ich gefragt, ob hier Kinder in den Minen arbeiten würden. Ich verneinte. Es war meine ehrliche Antwort, nein. Denn ich sah sie nicht«, erzählt mir Héctor Soliz, ein Mann um die fünfzig, mit geteilter Stirnfranse und runder Brille, womit er aussieht wie ein Schulmeister.

Wir unterhalten uns in einem Teehaus von Llallagua, im Zentrum der Stadt, die einst das Herz des bolivianischen Bergbaus war, dann ruiniert und heruntergekommen, fast verlassen, heute wieder auflebend. Eine Stadt mit vierzigtausend Einwohnern, davon achttausend Studenten einer Universität mit Ingenieursstudiengängen, vor allem Bergbau, aber auch Gesundheits- und Sozialwissenschaften.

Die Stadt ist eine Ansammlung von niedrigen, dichtgedrängten Häusern, an einem flachen Hang auf 3900 Metern Höhe gelegen, am Fuße eines Berges mit zwei Gipfeln wie zwei Höcker. Man sagt, der Berg sieht aus wie eine Doppelkartoffel, und daher stammt auch der Name der Stadt: Llallawa, der andine Berggeist, der für ausgiebige Kartoffelernten sorgt. Auf dieser öden Gesteinshochebene siedelten sich Tausende Menschen an auf der Suche nach Überfluss: nicht an Kartoffeln, die kaum und kümmerlich wachsen, sondern an Zinn, an einer der reichsten Lagerstätten auf Erden. Und so begann man, aus der Erde Lehmziegel herauszuschälen, Hütten zu bauen, eine neben die andere, und die Stadt entstand.

Vierzigtausend Einwohner leben heute hier, ein Fünftel davon Studenten und keine im Bergbau arbeitenden Kinder, so glaubte zumindest Soliz.

»Ich begann als Bürgermeister im Jahr 2000, und bald schon baten mich die Leute von Cepromin um ein Treffen. Sie sagten mir, die Internationale Arbeitsorganisation ILO erstelle eine Liste der, wie sie es nannten, schlimmsten Formen von Kinderarbeit: zum Beispiel im Bergbau. Deshalb wollten sie mich sprechen. Ich sagte ihnen, nein, wir haben hier keine Kinder in den Minen.«

Cepromin recherchierte im Bergarbeiterviertel Siglo XX, 20. Jahrhundert, in dem etwa 7200 Menschen leben, und nach einigen Monaten veröffentlichten sie ihre Zählung: Darin wurden 147 Jungen und 28 Mädchen erfasst, die im Bergbau arbeiteten. 42 Jungen und ein Mädchen waren unter Tage beschäftigt, 105 Jungen und 27 Mädchen erledigten Tätigkeiten außerhalb der Mine. Sie arbeiteten, um das Einkommen der Familien aufzubessern, oder sprangen für die im Bergwerk verunglückten oder erkrankten Väter ein.

»Diese Kinder fangen mit neun oder zehn Jahren an, indem sie ein bisschen helfen. Zuerst erledigen sie einfache Aufgaben: Sie kehren den Mineneingang, schichten die Gesteinsreste, bringen den Bergmännern Essen und Trinken; dann fangen sie an, Steine zu klopfen, zu mahlen, und die Aufgaben werden immer schwerer, bis sie in den Stollen hineingehen. Aber wie es so ist: Weil es Kinder sind, die ihren Eltern helfen, haben wir gar nicht wahrgenommen, dass sie arbeiten. Sie bekommen keinen Lohn, also sind es keine Arbeiter. So dachten wir damals.«

Cepromin entwickelte mit Erfolg ein Programm, um Minenarbeit unter Minderjährigen zu unterbinden. Es richtete sich an die Väter und Mütter: Sie erhielten berufsbildende Kurse und günstige Darlehen, um sich als Schreiner, Näherinnen, Köchinnen selbständig zu machen und sich so sichere Arbeitsplätze zu schaffen. Man investierte außerdem in Mahlwerke, damit die Bergmänner und ihre Söhne nicht weiter zeitaufwändig und gesundheitsschädigend per Hand das Erz abbauen. Mit nur wenig Technologie stieg die Produktivität und die Väter brauchten nicht mehr die Hilfe der Söhne. Innerhalb weniger Monate hörten achtzig Familien auf, ihre Söhne in die Stollen zu schicken.

Der Erfolg aber war von kurzer Dauer. Als der Zinnpreis sank, griffen die Bergarbeiter erneut auf ihre Kinder zurück, um die Zahl der Schichten zu erhöhen und ausreichend zu produzieren.

In der Stadt Llallagua ist die Lage günstiger: Weniger Kinder arbeiten in den Bergwerken. Aber das Grundproblem bleibt ungelöst: Solange es Elend gibt, gibt es Kinderarbeit.

Das Cepromin-Projekt half gleichzeitig den Jugendlichen dabei, zur Schule zu gehen und sich ihrer Rechte bewusst zu werden – indem man Nachhilfeunterricht organisierte, Informatikkurse, Bibliotheken, Workshops zu öffentlichem Auftreten,

Selbstwertgefühl und Bürgerrechten. Sie hatten Zeit, um an etwas anderes als an die tägliche Arbeit zu denken, und so war Platz für Neues.

Zum Beispiel für ihre Forderung nach einem Recht auf Arbeit.

Sie organisierten sich in der Nats-Bewegung (Arbeitende Kinder und Jugendliche), schrieben Briefe an Behörden, um Missstände anzuprangern, und lehnten die Kriterien der ILO ab, die die Projekte der Cepromin finanzierte und Arbeit von unter Vierzehnjährigen verbietet. Sie forderten eine Aufhebung des Arbeitsverbots, da sie auf das Geld angewiesen waren, um dem Hunger zu entgehen. Nach jahrelangem Streit gewannen sie: 2014 änderte die bolivianische Regierung das Gesetz und erlaubte Kinderarbeit ab zehn Jahren.

»In mittelständischen Familien würde es niemandem einfallen zu sagen, Kinder hätten ein Anrecht auf Arbeit. Das kommt nur bei Armen vor«, hatte mir vor ein paar Jahren Eva Udaeta, Direktorin des Plans für die schrittweise Abschaffung von Kinderarbeit im bolivianischen Arbeitsministerium, gesagt. »Können wir uns für ein Recht einsetzen, das nur den Ärmsten dient und für den Rest der Gesellschaft undenkbar ist?«

Zwar standen, so Udaeta, nur wenige Mittel zur Verfügung, nur einige wenige Sensibilisierungsworkshops wurden veranstaltet und nur einige Arbeitsinspektoren zu den Stolleneingängen im ganzen Land gesandt. Aber immerhin sei die Regierung von Evo Morales die erste, die ein Programm zur Beseitigung der Kinderarbeit aufgelegt habe, und das Wesentliche tue: die Armut bekämpfen.

Bolivien hatte damals gerade einige sehr gute Jahre hinter sich: Zwischen 2004 und 2014 wuchs die Wirtschaft um fünf Prozent jährlich aufgrund hoher Gas-, Erz- und Erdölexporte in Zeiten anhaltend hoher Preise. In jenem Jahrzehnt verdreifachte sich das jährliche Pro-Kopf-Einkommen von 761 Euro auf 2350. Die Zahl ist selbstredend ein Durchschnitt. Die Einkünfte verteilen sich sehr ungleich in Bolivien, einem Land mit einer großen Kluft zwischen Armen und Reichen.

Aber die Einnahmen waren üppig und die Regierung Morales, seit 2006 an der Macht, griff in die Verteilung massiv ein. Gas, Öl, einige Minen, Stromwerke und Telekommunikationsfirmen wurden verstaatlicht und mit einem Teil der Gewinne wurden neue soziale Leistungen finanziert. Mütter erhalten seitdem während der Schwangerschaft und der ersten zwei Babyjahre den Bonus Juana Azurduy, insgesamt 236 Euro in mehreren Raten, wenn sie ärztliche Kontrolltermine wahrnehmen – dadurch reduzierte sich die Mütter- und Kindersterblichkeit. Grund- und Sekundarschüler erhalten jedes Jahr die Sonderzahlung Juancito Pinto in Höhe von 26 Euro, wenn sie die Schule besuchen und das Jahr erfolgreich abschließen – so mindert sich die Zahl der Schulabbrecher. Über Sechzigjährige beziehen die sogenannte Würderente, jährlich 388 Euro für diejenigen, die keine Rente beziehen, 310 pro Jahr für Rentenbezieher. Im Jahr 2015 stieg das Mindesteinkommen in Bolivien auf 214 Euro monatlich.

In jenen prosperierenden Jahren gab es für die Menschen in Bolivien besser bezahlte Arbeitsplätze. Und Rentner, Schüler, Schwangere und Babys – ein Drittel aller Einwohner – erhielten Mittel vom Staat. Die beachtliche Einkommenserhöhung im Land spiegelte sich in einer beachtlichen Armutsbeseitigung wider: Der Anteil der armen Bevölkerung sank von 63 auf 39 Prozent. Und die extreme Armut, bei der die Menschen nicht einmal ihre Grundversorgung an Nahrungsmitteln sichern können, sank von 38 auf 17 Prozent. Bolivien war somit auch eines der Länder, das die Ungleichheit zwischen Arm und Reich am stärksten minderte.

Im Jahr 2014 begannen die Preise für Erdöl, Gas und andere Rohstoffe zu fallen. Morales wurde kritisiert, dass die Bekämpfung der Armut per Direktzahlungen an die Leute nur dank der hohen Einkünfte der Aufschwungsphase möglich war, aber keine langfristigen Pläne für ein Wirtschaftswachstum erstellt wurden, um das Land aus der Rohstoffpreisabhängigkeit zu befreien. Das ist die Klage aus Potosí: Zwar stiegen in jenen Jahren die Einkünfte aus dem Bergbau um das Zehnfache und die Regierung zahlte Sozialhilfen, aber Krankenhäuser, Schulen, Straßen und Flughäfen wurden nicht gebaut.

Und sie verabschiedete schließlich das Gesetz, das Arbeit ab zehn Jahren erlaubt.

»Für mich war das ein harter Schlag«, erinnert sich Soliz. »Als sie mit ihren Versammlungen und Briefen begannen, dachte ich, dass die Nats uns um Unterstützung für ihre Familien bitten würde, damit die Kinder in die Schulen gehen könnten und nicht mehr arbeiten gehen müssten. Aber sie baten um genau das: arbeiten gehen zu dürfen. Sie sagten, wenn sie nicht arbeiten würden, müssten sie hungern. Entweder würden sie heimlich arbeiten oder unter dem Schutz des Gesetzes, aber sie würden weiter arbeiten. Das brachte mich zum Nachdenken. Kinderarbeit zu verhindern ist eine sinnlose Maßnahme, wenn die Familien im Elend leben. Was sollen sie sonst machen? Heute glaube ich, dass man sie legalisieren und strikte Kontrollen durchführen muss: damit die Arbeit nicht die Gesundheit gefährde und nicht die Bildung und die Entwicklung der Kinder behindere, damit die Bosse sie nicht ausnutzten. Ich weiß, dass wir dabei ein geringeres Übel hinzunehmen haben, um das große Problem zu lösen: Und das große Problem ist die Armut.«

In Llallagua, wie auf dem Cerro Rico von Potosí, ist das große Problem die Armut. In Llallagua, wie auf dem Cerro Rico von

Potosí, wurden einige der reichsten Erzvorkommen der Erde gefunden.

Im Jahr 1900 brachte eine Dynamitexplosion einige funkelnde Felsbrocken zum Vorschein.

»Hoffentlich kein Silber, mein Gott«, soll der Besitzer der Lagerstätte, ein Glücksjäger namens Simón Patiño, gesagt haben.

Patiño hatte vier Hektar auf dem Berg von Llallagua einem verarmten Bergarbeiter abgekauft, der bis dato nicht einmal ausreichend Erz geschürft hatte, um seine Ausgaben zu begleichen. Patiño stellte ein halbes Dutzend Arbeiter an und setzte sie zum Graben und Sprengen ein.

Das Dynamit, das die bolivianische Geschichte veränderte, wurde von den Arbeitern Muruchi, González, Miranda und Frías gelegt, so Roberto Querejazu, der Biograf von Patiño.

Patiño wollte kein Silber, zu jener Zeit wurde es schließlich zu sehr niedrigen Preisen gehandelt. Patiño wollte Zinn – ein Metall, das oft in silberhaltigen Erzen vorkommt und dem die Bergarbeiter zu Kolonialzeiten keine Beachtung schenkten. Niemand interessierte sich damals für Zinn, aber zu Beginn des 20. Jahrhunderts stieg die Nachfrage der europäischen und nordamerikanischen Industrie nach dem Metall. Es wurde viel gebraucht, und es gab wenig davon. Zinn ist ein leicht formbares Metall, sehr brauchbar in Legierungen und ideal, um andere Metalle zu ummanteln und sie dadurch vor Korrosion und Bruch zu schützen. Es wird zur Beschichtung von Stahl, zum Schweißen, zur Herstellung von Weißblech, Blechdosen, Lagern, Metallfolien, Computerschaltkreisen und Waffen verwendet.

Patiño brachte die Steine in ein Labor und erhielt als Rückmeldung beste Ergebnisse: Sie enthielten Zinn von außergewöhnlicher Qualität.

Also setzte er all seine Ersparnisse ein, um so viel Land wie möglich an den nahegelegenen Hängen zu kaufen, bevor sich die Nachricht verbreitete. Er hatte recht, denn die Ader war gewaltig. Er nannte sie La Salvadora – die Heilsbringerin. Nach Berechnungen des Ingenieurs Jorge Espinoza maß die Ader zweihundert Meter in der Länge, siebzig Meter in der Höhe und zwei Meter in der Breite und enthielt rund 131 600 Tonnen Zinn, was einem Wert von rund 967 Millionen US-Dollar entsprach. Patiño erreichte dieses Vermögen in nur zwei Jahren, mit einem recht einfachen Abbau.

Er stellte Dutzende Arbeiter ein und errichtete, um sie unterzubringen, einige Hütten in der Gegend um Uncía, am Fuße der Lagerstätte. Er baute eine Straßenverbindung für den Transport des Erzes zur Eisenbahnlinie, die von Bolivien zur chilenischen Küste führt. Von dort wurde das Zinn per Schiff in die ganze Welt transportiert. In der nächstgelegenen Stadt, Oruro, errichtete er einen Palast für seine Familie, eröffnete einige Büros und gründete die Handelsbank Banco Mercantil. Den Stollen rüstete er mit modernster Technologie aus: Gigantische deutsche Motoren schaffte er heran, die den Strom produzieren sollten – für die Bohrmaschinen, die Luftkompressoren zur Belüftung der Stollengänge, die Bergwerkszüge zum Abtransport des Gesteins, die unterirdischen Fahrstühle. Eine Fabrik verarbeitete das Erz vor dem Export.

Der argentinische Schriftsteller Jaime Molins, der die Anlage 1915 besuchte, schrieb:

»Der elektrische Konvoi, von einer Lokomotive Imperator deutscher Fabrikation gezogen, mit zwanzig angehängten Waggons, schlängelte sich aus dem Stollen heraus. An der Station lud er ab und kehrte in das Innere des Bergwerks zurück.

Das Mahlwerk in Uncía ist die modernste und ertragreichste

Anlage des Landes. Dort sahen wir sechs Steinbrecher, drei Zerkleinerungsmaschinen, Drehrohröfen der Marke Kauffman, elektrische Kühler, Klärtische, Magnetabscheider, Trocken- und Nasskonzentrationsgeräte. In der Maschinenabteilung fanden wir fünf Dieselmotoren, die Strom für das Mahlwerk, das Bergwerk und für die Beleuchtung von Uncía erzeugen. Wir besuchten Werkstätten, den Sportplatz und die Kegelanlage. Ebenso die Apotheke und das Krankenhaus.

In Uncía leben bereits einige Zehntausend Einwohner. Die Häuser stehen ohne jeden Plan nebeneinander. Die Stadt ist voller kleiner Geschäfte von Syrern, Österreichern, Italienern, Spaniern und dem einen oder anderen Franzosen. Das Unternehmen Patiño verfügt über einen eigenen Lebensmittelladen zur Versorgung seiner Arbeiter. Es gibt eine Unterpräfektur, eine Gemeinde, ein Theater, einen Markt, Schulen, ein Hotel und sogar eine Wochenzeitung mit einer eigenen Druckerei.«

Auch das Innere der Bergwerke besuchte Molins. Er beschrieb es als Ameisenhaufen, mit Stollen, die Hunderte Arbeiter bevölkerten, die kamen und gingen, schwitzten, schnaubten. Ihn betäubte das Dröhnen der Druckluftbohrer, das Kreischen der elektrischen Drehbänke, der gleichmäßige und schwere Lärm der Luftkompressoren, das Donnern der Dynamitsprengungen, die unterirdische Schmiede, in der die Öfen wie blutende Glut brannten und die Ambosse bei jedem Hammerschlag »Schauer von Sternschnuppen« abwarfen.

Heute bleiben die Sternschnuppenschauer in den Hornhäuten der Bergarbeiter von Llallagua hängen. Einer von ihnen sitzt im Wartezimmer einer Augenarztpraxis, die von kubanischen Ärzten betrieben wird, in dem alten Herrenhaus, das Patiño am Fuß des Gebirges bauen ließ. Er wartet, den Kopf auf die Brust gesenkt. Wenn er ihn hebt, schaut er mit schmerzverzogenem Gesicht und das rechte Auge ist blutunterlaufen. Ein Steinpartikel hat sich darin festgesetzt. Ein gewöhnlicher Minenunfall, der sich mit einfachen Schutzmaßnahmen vermeiden ließe: Brillen.

Es gibt keinerlei Schutzmaßnahmen in Patiños alten Minen, keine einfachen und schon gar nicht komplexere. Die Bergarbeiter schürfen heute Zinn auf traditionelle Weise: Sie öffnen die Löcher mit einem Vorschlaghammer und einem Bohrer, legen die Dynamitpatronen hinein und sprengen sie, schaufeln die zerbrochenen Steine zusammen und in Säcke, schleppen die vierzig oder fünfzig Kilo schweren Säcke auf ihren Rücken zum Ausgang und bearbeiten mit einem Hammer die Steine, um die wertvollen Anteile herauszuholen. Es gibt keinen Strom, keine Motoren, keine größeren Bohrmaschinen und auch keine Züge oder Fabriken. Es ist schlimmer als vor hundert Jahren.

Wenn ein kleiner Stein ihre Augen verletzt, kommen sie in das alte Herrenhaus von Patiño, in die Augenarztsprechstunde. Patiño, der Zinnbaron, ließ diesen extravaganten Palast ganz in der Nähe der Bergwerke errichten, ein länglicher senffarbener Pavillon, mit Bogenfenstern und Turm nach schottischem Vorbild. Abgesehen von der Augenarztpraxis ist der Palast heute ein gespenstisches Museum, mit 46 leeren Zimmern, mit leeren Sälen und Fluren, mit einem leeren Ballsaal unter einem Glasdach. Vor einigen Jahren wurde er vor dem Verfall bewahrt und saniert, und in seinen Haupträumen hat man einige Kuriositäten für die – eher ausbleibenden – Touristen aufgestellt: eine englische Kutsche, in der Patiño und seine Frau spazieren fuhren, eine Statue des Tío, einige zeithistorische Dokumente hinter Vitrinen, einige Bergarbeiterhämmer, riesige englische Schraubschlüssel, mit denen man jemandem den Hals abdrücken könnte.

Echo, Echo, im Palast gibt es überall hallendes Echo.

In der Nähe des Palastes steht das große Miraflores-Werk, eine Halle mit den fünf Dieselmotoren, jeder so groß wie ein Laster, die Patiño 1901 aus Deutschland herbrachte, um Strom für die Minen zu erzeugen. Seit 1986, als der Staat das Bergwerk aufgab, sind sie nicht mehr in Betrieb, und seitdem setzen sie Staub an in diesen verfallenen Lagerhallen, die die Stadt ebenfalls in Museum und Café umwandeln wollte. Derzeit rennen nur Ratten hinein und Tauben gurren auf dem Dach.

Héctor Soliz steigt die Treppe hoch auf den oberen Teil eines der Motoren.

»Es ist wohl eine Legende, aber man sagt, dass General Electric solche Motoren nur für zwei Kunden herstellte: für Patiño und für die Titanic.«

Für Patiño und für die Titanic.

Übrig geblieben sind auch noch die Ruinen des Mahlwerks und der Öfen, in denen das Erz geschmolzen wurde, um die Verunreinigungen abzuscheiden, und in die nach dem Massaker von 1923 mehrere Leichen von Bergleuten geworfen wurden. Es war eines der frühesten Massaker, einer der ersten Zusammenstöße zwischen den Massen an Bergarbeitern und den Massen an Soldaten, Dynamit gegen Schrapnell, ein Massaker, das sich schon seit dem Uncía-Streik von 1918 anbahnte, dem ersten Bergarbeiterstreik in Südamerika, den die bolivianischen Machthaber aus Angst vor einer Ansteckung durch die Russische Revolution mit einer zweiundzwanzig Monate andauernden Belagerung unterdrückten. Es war der Streik, bei dem Uncía und Llallagua ihren Stempel aufgedrückt bekamen: die Sowjetdörfer wurden sie genannt.

Heute kommen aus dem Berg nur einige wenige Bergmänner heraus, mit braunen Händen vom Zinnstaub, auf dem Weg zur Kolonie von Miraflores. Auf den alten Schwarz-Weiß-Fotografien sieht man die damaligen Wohnstätten, die Büros der Firma, die Lebensmittelläden, das Theatergebäude. Wenn man den Blick von den Fotografien auf die jetzige Kolonie richtet, scheint eine Atombombe eingeschlagen zu haben: eingestürzte Gebäude, zerfallene Gemäuer, Trümmer, Schuttbrocken. Die Bergarbeiterfamilien haben sich die Häuser mit den wenigsten Öffnungen ausgesucht und sie mit Kartons und Metallplatten verkleidet. Auf den Straßen picken die Hühner den Staub, ein abgemagerter Hund streunt herum, und ein Kind hütet zehn Schafe zwischen den Ruinen des Imperiums.

Der Reichtum von Patiño überstieg in kurzer Zeit nicht nur den der anderen Reichen im Land, sondern bald den ganz Boliviens. 1906 gründete er die Banco Mercantil mit einem Kapital in Höhe von einer Million Pfund Sterling: mehr als der Staatsetat und zweimal mehr als das Kapital aller bolivianischer Banken zusammen.

Und das Beste kam erst noch: der Erste Weltkrieg.

Die europäischen und nordamerikanischen Waffenfabriken kauften Tausende Tonnen Erz zu sehr hohen Preisen, und gerade in jenen Jahren entwickelte sich Bolivien zu einem der Hauptproduzenten von Zinn, Wismut, Wolfram und Antimon. Es war – es wäre eine außergewöhnliche Gelegenheit gewesen, um das Land voranzubringen.

Die Millionen Patiños vervielfachten sich weiter, so wie die anderer bolivianischer Erzbarone: Carlos Víctor Aramayo und Mauricio Hochschild. Die drei bildeten die sogenannte Bergbau-Rosette, die Oligarchie, die das politische System lenkte, die Regierung bestimmte, Gesetze diktierte, die Arbeiter in sklavenähnlichen Zuständen hielt, die Rohstoffe exportierte, trickste, um keine Steuern zu bezahlen, und ihre Vermögen im Ausland sicherte.

Patiño kaufte innerhalb weniger Jahre die wichtigsten Minen des Landes auf. Heimlich, über Mittlerfirmen, beschaffte er sich Aktien einer chilenischen Firma, die große Lagerstätten in Bolivien besaß. Als er 1924 zwei Drittel der Anteile zusammenhatte, stellte er sich der Aktionärsversammlung in Santiago de Chile vor, übernahm die Kontrolle über das Unternehmen und soll laut Legende ausgerufen haben: »Es lebe Bolivien!«

Den Schachzug präsentierte er als patriotischen Akt: Die bolivianischen Reichtümer hatte er aus den Händen der Chilenen befreit, ebenjenen verhassten Chilenen, die einige Jahre zuvor Bolivien den Zugang zum Meer entrissen hatten.

Aber mit dem Patriotismus Patiños schien es nicht weit her. Damals lebte er bereits zwölf Jahre in einem Palast in Paris. Und sobald er das chilenische Unternehmen besaß, fasste er all seine Minen und Eisenbahnstrecken unter dem Namen Patiño Mines zusammen und installierte seinen Hauptsitz in Delaware, USA, einem jener schwarzen Steuerlöcher, durch die auch heute noch große Firmen den Staaten Milliarden an Dollar Steuern entziehen. Aramayo verlegte seinen Sitz in die Schweiz und Hochschild nach Chile.

Von Delaware aus begann die weltweite Expansion Patiños. Eine Zinnschmelze in Bolivien errichtete er nie: Er ging nach England, um die weltgrößte Gießerei, die Williams Harvey, zu kaufen, und anschließend sieben weitere. Er erwarb Minen in Malaysia, Indonesien, Thailand, Nigeria und Holland. Die Hälfte der weltweiten Zinnproduktion war in seinen Händen. 1925 betrug sein jährlicher Ertrag (50 Millionen Pesos) fast so viel wie der ganz Boliviens (55 Millionen).

Die *New York Times* führte ihn 1927 als fünftreichsten Mann der Welt auf, hinter Ford, Rockefeller, Zaharoff und Vanderbilt, vor Rothschild und Guggenheim.

»Der Vorarbeiter verdient am meisten, zwei bolivianische Pesos am Tag«, veröffentlichte die Tageszeitung *El Comercio* aus Cochabamba zu Beginn des 20. Jahrhunderts. »Er arbeitet zehn Stunden am Tag, Hunderte Meter tief, er bohrt in die Felsen, um vier oder fünf Dynamitstangen hineinzulegen. Metallstaub atmet er ein, der die Lungen zerstört. Halbnackt arbeitet er mit Säuren, die ihm am Körper hinunterrinnen. Hunderte Meter steigt er gefährliche, steile Leitern hinab. Er kriecht auf allen vieren durch zu niedrige Gänge, die jeden Moment einzustürzen drohen. Eine falsche Dynamitexplosion und er fliegt zerfetzt durch die Luft. Das Tageslicht sieht er nicht und er bewegt sich im Licht einer undurchsichtigen, gelblichen Talglampe. Seine Kleidung wird zu Lumpen aufgrund der säurebildenden *copajira*. Es fehlt an Luft und Raum. Von den zwei Pesos am Tag gibt er 60 Centavos für drei Dynamitstangen aus, 10 Centavos für einen Führer, 25 Centavos für den Talg seiner Lampe, 10 für Koka, 10 für Brot, 5 für Zigaretten und 20 für Wein oder Schnaps. Insgesamt 1,40. Bleiben ihm 60 Centavos, um seine Familie zu ernähren und zu kleiden.«

(Es lebe Bolivien!)

Sein außergewöhnliches Verwaltungsgeschick, sein Geschäftssinn und die unendlichen Geldmittel erlaubten es ihm, ausländische Ingenieure anzuheuern, moderne Maschinen zu kaufen und Transportnetze aufzubauen; das waren die Schlüssel von Patiños' Reichtum, so der Historiker Herbert S. Klein.

Der Historiker Juan Albarracín fügt noch einen Faktor hinzu: »Ohne die Indios des Altiplano gäbe es auch keinen Triumphzug des Zinnbergbaus im 20. Jahrhundert.«

Die bolivianischen Bergmänner arbeiteten in Schichten von zwölf, vierzehn, achtzehn Stunden, die sich ausdehnten, bis ein neues und schreckliches Verb gebräuchlich wurde: »*veinticuatrear*«, vierundzwanzigern. Einen ganzen Tag unter Tage verbringen, Steine ohne Pause klopfen, vom Hunger getrieben und von der Koka getragen. Die Löhne reichten kaum für das Überleben, Unfälle und Krankheiten dezimierten die Zahl der Bergarbeiter, es gab weder Versicherungen noch irgendeine Art von Renten, und keinerlei Listen von Todesfällen wurden geführt. »In den Bergarbeiterlagern galt nur das Regiment der Unternehmensführung, verfassungsgemäße Freiheiten oder Garantien galten hier nicht«, so Albarracín.

Wer sollte die Rechte der Bergarbeiter verteidigen? Patiño hatte eine Legion an Abgeordneten, Richtern, Anwälten, Journalisten, Bankiers, Generälen und sogar Präsidenten auf seiner Gehaltsliste, die gleichzeitig hochbezahlte Positionen in den Bergbauunternehmen innehatten. Sie verabschiedeten Gesetze im Sinne Patiños, verboten Gewerkschaften, verhafteten und verbannten Arbeiterführer, und wenn jemals ein Protest, ein Streik drohte, schickte er die Armee in die Bergbaulager: Massaker von Avicaya 1905, Massaker von Amayapampa 1911, Massaker von Monte Blanco 1914, Massaker von Uncía 1923. »Den Indios wurden keinerlei Bürgerrechte gewährt«, schreibt Albarracín. »Die Bergbauunternehmer hätten nie mächtiges internationales Kapital anhäufen können, wenn sie nicht die Demokratie in Bolivien mit Füßen getreten hätten.«

Sehr selten erlaubte sich ein Minister oder sogar ein Präsident, die Privilegien der Bergbaubarone zu kritisieren, öffentlich anzuprangern, dass diese Steuern hinterzögen und jegliches Gesetz, das das Leben der Bolivianer verbessern sollte, verhinderten, wenn es ihnen nicht genehm war. Solche Minister oder Präsidenten waren nur kurz im Amt. Als Präsident Gutiérrez Guerra ein Gesetz zur Besteuerung des Bergbaus vorschlug, handelten die Barone unisono: Sie stellten die Zahlung der Exportsteuer ein, womit der Regierung die Devisen fehlten und das Land an den Rand des Bankrotts geriet. das war dann der günstige Moment für einen Staatsstreich. An die Macht kam Bautista Saavedra, ein vom Baron Aramayo geförderter Caudillo. Die Bergbaumagnaten verbündeten sich in wechselnden Pakten, brachten die ihnen genehmen Anwälte und Generäle an die Macht, und so wurde Bolivien in der ersten Hälfte des 20. Jahrhunderts durchgeschüttelt von Militärputschen, die immer wieder von den Bergbauoligarchen angezettelt wurden.

»Patiño ist ein Präsidenten-Entmachter«, schrieb der Soziologe José Antonio Arze 1939. »Er ist ein Staat im Staat. Er sponsert Wahlen und finanziert Putsche gegen jede Regierung, die sich ihm nicht unterwirft.«

Gleichzeitig stellte sich Patiño als Retter des Vaterlandes dar: Tausenden verhalf er zu Arbeit, vergab dem Land, das stets am Rande des Bankrotts war, Kredite. Im Gegenzug, klar, schuf der Staat gewisse Gesetze und öffentliche Bauten, die ihm zugutekamen. Zum Beispiel gewährte Patiño der Regierung einen Kredit über 600 000 Pfund, um das Eisenbahnnetz zu erweitern – genau um die Strecken, die seinem Erzexport dienten –, im Gegenzug dafür, dass die Zinnsteuern nicht erhöht wurden. Die Exportsteuern auf Erz waren lächerlich, zwischen drei und fünf Prozent, und nicht einmal diese wurden bezahlt. Wie Albarracín ausführte, sah der Staat Patiño auch andere Betrügereien im großen Stil nach.

Der bolivianische Zoll hatte nicht die geringste Ahnung davon, wie viel Erz das Land verließ. Der Staat kontrollierte die Exporte nicht: Er nahm lediglich drei Prozent der Gewinne Patiños beim Verkauf des bolivianischen Erzes an der Londoner Börse ein, nachdem dieser es in seiner großen englischen Zinnschmelze veredeln ließ. Es waren Patiños Firmen selbst, die die Berichte sandten, die Kosten aufblähten und die Einkünfte frisierten, damit der Gewinn geringer ausfiel. Albarracín hat berechnet, dass, wenn man buchhalterische Tricks und den massiven Erzschmuggel hinzunimmt, Bolivien nicht einmal ein Prozent des Wertes seiner Mineralien einnehmen konnte. Und die Unternehmer zahlten zudem weder Einkommens- noch Finanztransaktionssteuer.

Patiño, Hochschild und Aramayo beuteten Bergarbeiter aus, die billig für sie arbeiteten, brachten die ganzen Rohstoffe außer Landes, ohne in Bolivien auch nur die Krümel übrig zu lassen. Während der ersten drei Jahrzehnte des 20. Jahrhunderts verhalfen die außerordentlich hohen Einkünfte durch Zinn Bolivien zu einer einmaligen Wachstumschance, eine Gelegenheit, die sich nie wieder bot, aber die Vermögen häuften sich in Delaware, London und Genf an – auf die gleiche Weise, wie die Vermögen durch Silber in der einstigen Kolonialmacht Spanien –, und in Bolivien blieb nichts. Was blieb, war ein Land, das wie eine einzige Bergbaustätte organisiert war: nur ein paar Fabriken in den Minen, nur die Zugstrecken und Straßen, die nötig waren, um das Erz zu exportieren, nur zwei oder drei Städte mit ausgewählten Zonen für die Familien der reichen Eliten, zu denen »den Indios« der Zugang verwehrt war – mit Ausnahme der Diener, Köche, Gutsverwalter. Außerhalb dieser Zonen blieb es ein Land im Elend, ohne Schulen, Krankenhäuser, Industrie, Handel; mit einer Bevölkerung aus Analphabeten, ohne Wahlrecht, hungernd und auf das Härteste unterdrückt. »Auf den Rücken der Bolivianer könnte man sogar Rüben säen«, sagte Daniel Salamanca, damaliger Präsident, auf die allgemein verbreitete Ignoranz anspielend.

Dennoch: Es blieben einige schöne Paläste.

Drei chilenische Damen betreten den Palast von Simón Patiño in der Stadt Oruro, mit derselben Touristenführung wie ich. Sie sind um die sechzig Jahre alt, in Jackett und Hose, mit Ketten, Armbändern, Perlenanhängern; sie erzählen der Führerin, dass zwei von ihnen Nichten und entfernte Nachfahren des Zinnbarons seien.

»Wie viel, ja, wie viel verdankt Bolivien Patiño«, sagt eine der Nichten. Ihm gebühre ein Denkmal auf dem Platz jeder Stadt.

Die Damen sind sehr sympathisch und begeistert, als sie sehen, dass ich Notizen während der Führung mache: Ach, schaut mal, dieser junge Mann, was für eine Freude, ja, die Ausländer würdigen die Geschichte mehr als wir selbst, hier ist man sich nicht bewusst, was unsere Länder Männern wie Patiño verdanken. Sie beglückwünschen mich, fragen nach meinem Beruf, ich erzähle ihnen, dass ich Journalist bin, und sie meinen, ich solle ja viel über Patiño schreiben.

Die Führerin erzählt uns die sagenhafte Geschichte: Patiño fand die größte Zinnlagerstätte der Welt, gab Tausenden Menschen Arbeit, gründete Banken, baute Zugstrecken. Dabei war er nichts weiter als ein Mestize aus Cochabamba, der aus der Armut heraus zu einem der größten Magnaten der Welt aufstieg.

Im Jahr 1900, als er gerade die Ader La Salvadora entdeckt hatte, holte Patiño eine Gruppe französischer Architekten nach Oruro; diese bauten ihm dieses zweistöckige neoklassizistische Herrenhaus im Zentrum der Stadt, wo er sich mit seiner Familie niederließ. Eine Treppe im Empire-Stil führt in das Obergeschoss, in dem sich die Waffenkammer befindet, der Spiegelsaal, das Spielzimmer, das Musikzimmer, das Solarium, das Kinderzimmer, die Sauna, die Apotheke, die Schlafzimmer, eine Kapelle, in der ein vergoldeter Christus mit bronzenem Herzen thront, und auch ein goldener Kelch, eine Bibel aus Rom, ein Kerzenhalter aus Blattgold, Porzellanvasen und das mit Gold- und Silberfäden bestickte Messgewand, das der Palastpriester trug.

In dem Herrenhaus sind silberne Armaturen ausgestellt, persische Teppiche, chinesische Möbel mit Elfenbeinverzierungen, indische Möbel aus Bambus und Peddigrohr, ein Glockenspiel mit Goldpendel, französisches Porzellangeschirr, Marmortische, Schreibtische mit Silberintarsien, mit Blattgold überzogene Bronzeleuchter, silber- und goldverkleidete Klaviere, ein aus Hamburg mitgebrachtes elektrisches Orchestron, ein Stradivari-Cello.

Und die Statue eines schwarzen Kindes.

»Das ist Salvador, das Amulett von Patiño«, erklärt die Führerin.

Als Patiño erfolglos die Lagerstätte in Llallagua erschloss, und er bereits kurz vor dem Bankrott stand, verkaufte seine Frau Albina den Schmuck und verließ Oruro, um zu ihm in die Mine zu gehen; sie brachte ihm Geld, damit er seinen Arbeitern die Löhne zahlen konnte. Unterwegs fand Albina ein verlassenes schwarzes Kind, ein vierjähriges Waisenkind, und nahm es mit nach Llallagua.

»Der Kleine brachte ihm Glück. Patiño fand die große Ader, die er La Salvadora nannte. Und den Jungen nannte er Salvador.«

Patiño gründete 1931 eine Stiftung, die heute Stipendien an Studierende vergibt und ein Zentrum für bolivianische Universitätsstudenten in der Schweiz unterhält, ein Kinderkrankenhaus und eine Biofarm in Cochabamba und Santa Cruz. In Bolivien kann man vier Paläste des Zinnbarons besichtigen: zwei in Cochabamba, den in Oruro und einen in Uncía.

Denkmäler auf Plätzen in Städten gibt es nicht.

Der Fluss Chaquimayo stinkt. Er ist ein Rinnsal, das vom Berg Llallaguas kommt und wie eine Kloake kanalartig eingeengt die Stadt durchquert. Oben auf dem Berg trennen die Bergleute das Erz in Wasserbecken mit Xanthat: Erde und Kies setzen sich am Boden ab, das Zinn schwimmt. Sie holen diese Partikel heraus und leeren dann die Becken in den Chaquimayo: Tausende Liter Wasser mit Xanthat, einer giftigen Substanz, die aus Schwefelkohlenstoff, Kalilauge und Alkohol besteht, gelangen in den Fluss. Auf seinem Weg durch die Stadt ist der Chaquimayo ein trübes Wasser mit gelber Schaumkrone, der sich in kalkgrünen Tümpeln staut. Die Ufer sind übersät mit Plastik, verrostetem Schrott, einem toten Hund, ein Fest für Fliegen.

Mit Héctor Soliz gehe ich über eine Brücke. Zwei Dinge erklärt er mir: dass Chaquimayo in Quechua »trockener Fluss« bedeutet, und dass der trockene Fluss eine alte Grenze markiert. Wir kamen aus Llallagua mit seinen Einwohnern, und nachdem wir die Brücke überquert hatten, sind wir in Siglo XX, 20. Jahrhundert, dem privaten Bergwerksgelände von Simón Patiño, das nur die Bergleute seiner Firma betreten durften. Am Anfang gab es in diesem Berg nur Minen und das Lager; dann kamen die Händler und bauten ihre Häuser, ihre kleinen Läden, ihre Bars, ihre Hallen, um alles Mögliche an die Tausenden von Bergleuten zu verkaufen. So ist die Stadt Llallagua gewachsen: dem Siglo XX zu Diensten. Das Unternehmen umzäunte das Bergarbeitergelände und errichtete eine Eingangsschranke, deren Überreste noch zu sehen sind: zwei Metallpfosten, einer auf jeder Seite der Straße, die die Schranke stützten.

Wie vorausschauend: Patiño gab einem von Zäunen und Barrieren umgebenen Lager den Namen Siglo XX.

Vielleicht gab er ihm diesen Namen, um modern zu wirken, aber er war passender, als es sich Patiño wahrscheinlich vorstellte: Das Lager war eine Zusammenfassung des bolivianischen Jahrhunderts. Einige der entscheidenden Episoden spielten sich hier ab, wie der ursprüngliche Kapitalismus der Bergbaubarone, die Revolution von 1952, die Verstaatlichung der Bergwerke, die Staatsstreiche, die Guerillabewegung von Che Guevara, die Militärmassaker, die Streiks, die Diktaturen stürzten, und jetzt die politische Bewegung der Kinderarbeiter.

Das ist es, was heute vom Siglo XX übrig geblieben ist – was vom 20. Jahrhundert übrig geblieben ist: ein vergiftetes Land, eine Ansammlung heruntergekommener Häuser, Familien, die nicht genug zu essen haben, Mädchen und Jungen, die in den Minen arbeiten.

Samstags ist es ein Leichtes, sie zu sehen.

Heute ist Samstag, und Soliz führt mich zu den Orten im Siglo XX, die in den inzwischen legendären Berichten über Streiks, Revolutionen und Massaker immer wieder auftauchen. Auf der Plaza del Minero errichtete man eine Bronzestatue des Gewerkschafters Federico Escóbar, der die Massen mitreißt, und die Statue eines Bergarbeiters auf dem Berggipfel, mit nacktem, muskulösem Oberkörper, in der linken Hand hält er einen Bohrer und in der rechten Hand reckt er ein Gewehr in die Luft. Hier befinden sich das Gebäude des katholischen Rundfunks *Pio XII* und das Gebäude der kommunistischen Gewerkschaft, beides Hauptquartiere des Kalten Krieges. Dies ist keine Metapher: Die Wände sind immer noch von Explosionen und Kugeln durchlöchert.

Das Bergbaulager hat die Geometrie und die Absicht eines Bienenstocks. Reihenweise niedrige Lehmhäuser. Eine Reihe von Hütten und noch eine Reihe von Hütten und noch eine und noch eine und noch eine und noch eine. Einige von ihnen sind heute halb verfallen und liegen am Rande abgesunkener Böden.

»Seit die Comibol weg ist, arbeiten die Bergleute, wo sie wollen, völlig planlos«, sagt Soliz. Comibol (Corporación Minera de Bolivia) ist das staatliche Unternehmen, das die Minen des Landes seit der Revolution von 1952 betrieb, bis es 1986 in Konkurs ging und alle Minen bis auf eine aufgab. Jetzt arbeiten die Bergleute in Genossenschaften, mit einem sehr rudimentären System, ohne Technologie, ohne Ingenieure, die die Explorationen planen. Eine Truppe kommt und bohrt, wo sie will. Manchmal wissen sie nicht, dass sich direkt über ihnen ein weiterer Stollen befindet, der dann auf sie fallen kann. Oder sie bohren in der Nähe der Häuser und lassen den Boden absinken.

Heute ist Samstag: ein Tag zum Steinezermahlen.

Rund um das Lager breiten die Frauen Planen auf dem Boden aus und fahren Schubkarren voller Felsbrocken heran. Sie verteilen sie auf den Planen, die Gesteine, die die Bergmänner im Laufe der Woche abgebaut haben, um sie jetzt zu zerkleinern, zu walzen, zu zerstampfen und zu zermahlen. Früher erledigten Maschinen diese Arbeit: diejenigen von Patiño, die später der Comibol gehörten. Seit 1986, als der Staat die Mahlwerke schloss, zerkleinern die Familien aus dem Siglo XX das Gestein mit der gleichen Technik wie die Inkas: mit Hämmern und Handmühlen.

Die Frauen, die *palliris*, sitzen auf dem Boden. Sie tragen Bowlerhüte, staubige Wolljacken, Röcke in mehreren Lagen und Gummistiefel. Sie legen den ersten Felsbrocken auf einen großen, flachen Felsen, der als Amboss dient, nehmen einen schweren Hammer zur Hand und hämmern auf den Brocken ein, bis er wie eine Walnuss knackt. Die Steine mit mehr Zinn werden in einen Sack gesteckt und den Rest werfen sie weg. Sie zerhämmern einen Stein und noch einen Stein und noch einen Stein. Und noch einen Stein und noch einen Stein und noch einen Stein. Manchmal brechen sie sich einen Finger. Ihre Hände sind verformt, ihre Finger sind geschwollen, gekrümmt und ausgetrocknet wie alte Karotten; ihre Nägel sind schwarz von getrocknetem Blut.

Soliz begrüßt eine der Frauen, stellt sie mir vor und erklärt ihr, was ich hier mache. Sie hebt den Kopf, um mich anzusehen, das Licht blendet sie ein wenig, sie lächelt mich an und sagt: »Wir *palliris* arbeiten schwer, Señor.«

Sie streckt ihren Rücken ein wenig durch, nimmt den nächsten Stein und versetzt ihm einen Schlag.

In diesem Teil des Lagers gibt es fünfzehn oder zwanzig Frauen, die Steine brechen. Einige sind alte Frauen in den Vierzigern: verbrannte Gesichter, Warzen, die eine oder andere Zahnlücke, krumme Rücken. Andere sind sehr junge Mütter, fast noch Teenager, die sich abmühen, während ihre Babys vergnügt zwischen den Felsen herumkrabbeln, die Gesichter voll mit Rotz und Staub. Ein drei- oder vierjähriges Mädchen schiebt ein Plastikauto über den Boden.

Es gibt Kinder, die Eimer mit Wasser tragen, Mädchen, die Stände mit Getränken, Keksen und Schokolade betreuen, Frauen, die *salteñas* – Teigtaschen mit Fleisch, Ei und Gewürzen – backen, und den einen oder anderen Betrunkenen, der laut rufend vorbeitorkelt, ohne dass jemand ihn beachtet. Die Verkäuferinnen tragen bunte, auf den Rücken gebundene Tragetücher, Aguayos, aus denen kleine Babyfüße und verschwitzte, plattgedrückte Haarsträhnen herausschauen.

Zwei fünfzehn- oder sechzehnjährige Jungen kommen, um zwei Säcke zu holen, in denen eine *palliri* die verzinnten Bruchstücke aufbewahrt hat. Sie tragen sie auf den Schultern und gehen fünfzig Meter bis zu einer Esplanade, auf der eine Wolke aus blauem Staub schwebt.

»Normalerweise gehen diese Kinder zur Schule«, sagt Soliz, »aber am Wochenende helfen sie beim Mahlen.«

Die beiden Jugendlichen schütten die Steine auf eine Metallplatte und beginnen, sie mit der *quimbalete* zu zerkleinern, einer riesigen halbmondförmigen Walze, die mit Beton und Steinen gefüllt ist. Sie muss eine halbe Tonne wiegen. Jeder der Jungen packt die *quimbalete* an einem Ende des Griffs und gemeinsam schwingen sie sie auf und ab, auf und ab, auf und ab, auf und ab. Die Steine knirschen und eine sehr dünne Schicht von grauem Kies bleibt zurück, der einen zweiten Durchgang durchläuft.

»Die *quimbalete* ist sehr schwer. Wenn sie das stundenlang tun, bekommen sie Rückenschmerzen. Und manchmal zerquetscht sich einer den Fuß.«

Dieser graue Sand wird dann in Wasserbehältern mit Xanthat vermischt. Fünf Männer mit Gummihandschuhen erledigen die Arbeit: Sie tauchen ihre Hände in die Wannen und rühren die Flüssigkeit um, die nach verfaultem Blumenkohl riecht. Es bildet sich ein Schaum, in dem die Zinnpartikel schwimmen. Sie holen sie heraus und schütten die Flüssigkeit in einen Wasserlauf, der in den Chaquimayo mündet. Es stinkt übel. Schwefelkohlenstoff, einer der Bestandteile des Xanthat, geht sehr schnell von der Lunge ins Blut über. Kleine Dosen reichen aus, um erste Schäden zu verursachen: Kopfschmerzen, Schwindel, Erschöpfung, Haut-, Rachen- und Augenreizungen. Längeres Einatmen kann Herz, Nieren und Leber schädigen, den Blutdruck erhöhen, Depressionen, Amnesie und Psychosen verursachen. Intensives und längeres Einatmen kann tödlich sein.

Man braucht nur in der Gegend spazieren zu gehen, und der Geruch von Fäulnis kriecht einem ins Gehirn und verdichtet sich wie eine Kugel zwischen den Schläfen.

Man sieht, was sie verlieren, aber was gewinnen sie?

»Das hängt von den Kriegen ab«, sagt Soliz. »Während der Kriege im Irak und in Afghanistan haben sie gutes Geld verdient. Denn die Vereinigten Staaten kauften eine Menge Zinn für die Waffenherstellung und der Preis stieg.«

Im Jahr 2001 lag der Durchschnittspreis bei 2,03 Dollar pro Feinpfund Zinn – der blanke Ruin. Das Geld reichte nicht einmal zur Kostendeckung, sodass viele Menschen die Mine verließen und Llallagua an Einwohnern verlor. Sie gingen in die Städte, um Arbeit zu suchen, oder kehrten in ihre Dörfer zurück, um Kartoffeln anzubauen und Schafe zu hüten, denn viele der bolivianischen Bergleute sind Bauern, die wegen des höheren Einkommens in die Minen gehen, wenn die Preise steigen.

In den folgenden Jahren stieg der Preis von 2,03 Dollar auf 12,10 Dollar im Jahr 2012. Und die Bergleute kehrten nach Llallagua zurück.

Der starke Preisanstieg begann 2006. Und das hing vor allem mit den Entwicklungen in China und Indonesien, den beiden Hauptproduzenten vor Bolivien, zusammen. In den 1990er Jahren überschwemmte China den Zinnmarkt und die Preise fielen. In den 2000er Jahren wuchs Chinas Industrie so stark, dass es Zinn ankaufen musste und die Preise stiegen.

Nach dem Höchststand 2012 fiel der Zinnpreis wieder und lag 2015 bei etwa sieben Dollar.

Die Bergleute sind von diesen internationalen Preisschwankungen abhängig. Ein Bergarbeiter in einem großen Privatunternehmen wie San Cristóbal verdient etwa 500 oder 600 Euro, ein Bergarbeiter in einer Genossenschaft verdient in der Regel 100, 300 oder 600 Euro, je nachdem, wie gut der Monat läuft. Der genossenschaftliche Bergmann bringt seinen Ertrag zu einem Handelsunternehmen, zu einem der Lagerhäuser in Llallagua, in dem das Erz gewogen und die Qualität bestimmt wird, und dort erhält er seinen Lohn bar ausbezahlt.

Von Llallagua aus reist das Zinn per Lkw nach Oruro, dann per Zug nach Chile und anschließend per Schiff nach China, Indien, Korea, Japan oder in die Vereinigten Staaten. Nach ein paar Monaten kann es nach Llallagua zurückkehren – in Form einer Thunfischdose.

Am Sonntag mache ich einen Spaziergang in die Außenbezirke von Llallagua. Die Barackensiedlungen dünnen sich aus, und nach zehn Minuten laufe ich über eine menschenleere, hellbraune Ebene, die von der schwarzen Linie der Straße und der weißen Linie einer in Reihe laufenden Schafherde durchzogen wird. Ein junger Mann führt die Herde und hat es ein wenig eilig.

Der Fluss ist aufgewühlt von Schaum und Erde. Hier, fast 4000 Meter über dem Meeresspiegel, denke ich an die Reise, die vor ihm liegt, daran, wie das Gift und die Erinnerung an das Gift verdünnt werden: Der Chaquimayo fließt in den Pilcomayo, der in den Paraguay fließt, der in den Paraná fließt, der in den Río de la Plata fließt, in den Atlantik, in denselben Ozean, der sich am Strand von Zurriola im baskischen Donostia-San Sebastián bricht, in meiner Nachbarschaft, und dort wissen wir davon nichts mehr, und wir wollen auch nichts wissen.

In dieser Ebene am Rande von Llallagua haben drei oder vier Familien am Ufer des Chaquimayo eine rudimentäre Industrie aufgebaut: Rohre, die Wasser aus dem Fluss in kleine Teiche leiten, die mit Holzbrettern abgedeckt sind.

Die Teiche sind mit kleinen Toren versehen, ebenfalls aus Holz. Hier wird das überschüssige Wasser gestaut, das schmutzige Wasser, das von den Bergleuten entsorgt wurde, aber noch einen gewissen Gewinn abwirft. Sie filtern das Wasser mit Sieben, die sie *maritates* nennen. Einige Männer heben Gräben aus, schaufeln Schotterhaufen, schleppen Säcke, schieben Schubkarren. Ein neun- oder zehnjähriges Mädchen in Trainingsanzug und mit Baseballmütze hockt am Teich. Sie taucht ihre bloßen Hände in das braune Wasser, kratzt den Boden und holt eine Handvoll Kies heraus. Es sind die letzten Zinnpartikel aus Llallagua.

Die Zinnpartikel, die das Mädchen mit bloßen Händen aus dem giftigen Wasser holt, werden in einen Sack gesteckt und mit einem Lastwagen nach Oruro, mit einem Zug nach Chile, mit einem Schiff nach China geschickt, und einige dieser Partikel erreichen vielleicht mein Haus in der Nähe des Strandes von Zurriola, zum Beispiel in Form einer Dose Thunfisch, ohne dass wir etwas davon wissen oder wissen wollen.

Am Montag nehme ich den Bus, der mich endlich, zwei Jahre nach meinem letzten Besuch, von Llallagua nach Potosí bringt. Durch das Fenster sehe ich, dass der Cerro Rico noch steht. Er ist nicht eingestürzt, weil die bolivianische Regierung die Risse am Gipfel mit 50 000 Tonnen Erde und Zement aufgefüllt hat, ein Projekt, das eine halbe Million Euro gekostet hat. Auch die Lehmhäuser auf dem Cerro Rico stehen noch, weil niemand in irgendein Projekt zugunsten ihrer Bewohner investiert hat.

Als ich nach Potosí zurückkehre, weiß ich, dass Alicia Präsidentin ist, ich weiß, dass sie ein Stipendium zum Studieren hat, dass sie Jahr für Jahr die weiterführende Schule absolviert und dass sie nicht mehr Sklavin der Bergleute ist. Cepromin bezahlte einen Teil der Schulden ihrer Mutter, die Genossenschaft selbst erließ einen weiteren Teil, und was noch fehlte, wurde durch eine Sammlung im Ausland aufgebracht.

Am Dienstagmorgen gehe ich hinauf zur Hütte von Doña Rosa, Alicia und Evelyn. Sie ist geschlossen, es ist niemand da. Ich sehe drei umgestürzte Autos neben dem Haus und einige herumliegende Kleidungsstücke. Ich rufe, niemand antwortet mir, kein Hund bellt mich an.

Ich gehe hinunter zum Care-Zentrum. Ich frage eine Dame am Eingang und sie sagt mir, ja, Alicia sei hier, in der Förderklasse, und sie werde es ihr gleich sagen. Ich wolle nicht stören, sage ich, ich könne später wiederkommen, aber die Dame klopft schon an die Tür. Sie öffnet sie und ruft Alicia.

Alicia kommt auf den Flur und es dauert einen Moment, bis sie mich erkennt. Plötzlich dämmert es ihr, sie lächelt und kommt näher, um mich zu begrüßen. Sie trägt ihr Haar schulterlang, eine schwarze Lederjacke und blaue Jeans. Sie ist schon sechzehn Jahre alt, und mit der Festigkeit ihres Auftretens wirkt sie auf mich wie eine Frau, die eine Position innehat und aus ihrem Büro gekommen ist, um mich für einen Moment zu empfangen.

Ich frage sie, wie es ihr geht, wie es ihrer Mutter und ihrer Schwester geht, wann ich sie besuchen kann.

»Jetzt gleich, ich bin gleich fertig.«

Sie geht ins Klassenzimmer, um ihre Bücher und ihren Rucksack zu holen, wir verlassen das Care-Zentrum und gehen den Berg hinauf. Ich erzähle ihr, dass ich vorhin in der Hütte war und niemanden vorgefunden habe; sie sagt mir, dass ihre Mutter und ihre Schwester wahrscheinlich bei Tante Lorena seien.

»Wie geht es dir, Alicia? Was macht die Niere?«

»Gut.«

»Hast du Probleme damit?«

»Nein, jetzt nicht mehr.«

»Arbeitest du noch in der Mine?«

Sie lächelt und ist einen Moment lang still.

»Manchmal gehe ich hinein. An manchen Tagen. Na ja, ich zähle die Male nicht, denn alle sagen mir, ich soll nicht hineingehen. Hier im Zentrum sagen uns die Lehrer immer, dass wir nicht in der Mine arbeiten sollen, aber manchmal müssen wir es tun. Die Leute in der Genossenschaft wollen auch nicht, dass die Leute das wissen.«

»Und wie kommst du mit deinem Studium voran?«

»Gut. Manchmal nervt es mich. Manchmal möchte ich aufgeben. Aber ich muss weitermachen.«

Sie will Abitur machen, einen Job finden und genug Geld verdienen, um eine Wohnung in der Stadt zu mieten und dort mit ihrer Mutter und ihrer Schwester zu leben. Für die Mutter ist das ein Problem: Sie sagt, sie würde gern in die Stadt gehen, das schon, aber in der Stadt hätte sie keine Arbeit. Die Arbeit im Wachdienst ist hart, ja, aber was sollte sie denn sonst tun?

»Und du, als was würdest du gerne arbeiten?«

»Ich weiß nicht, als Buchhalterin oder so. In einer Bank, in einem Büro.«

Doña Rosa kocht Tee und serviert ihn mir in einer Aluminiumtasse. Evelyn, die jetzt sechs Jahre alt ist, sitzt auf dem Bett und isst Kekse. Der Besuch des Fremden ist ihr ein wenig peinlich, sie kichert, dreht sich hin und her, summt. Sie hat immer noch Warzen an ihren Händen. Sie kommt näher, als ich die Tasche öffne, in der ich ihnen einige Andenken mitgebracht habe: die Fotos von vor zwei Jahren, mehrere Exemplare des Berichts, ein Exemplar der italienischen Zeitschrift, in der Alicias Porträt die gesamte Titelseite einnimmt. Alicia ist überrascht, sich selbst zu sehen, sie ist aufgeregt, sie lacht, aber dann starrt sie eine Weile schweigend auf das Cover. Auf dem Foto trägt sie einen Bergarbeiterhelm, ihr Haar ist zurückgebunden, sie presst die Lippen zusammen und starrt in die Kamera. Ihre Mimik ist hart.

»Alicia, möchtest du irgendwo essen gehen, in ein Restaurant, eine Pizzeria? Wenn du willst, lade ich dich ein, wir gehen mit deiner Mutter und deiner Schwester hin.«

»Ja ...«

Sie scheint nicht sehr überzeugt.

»Hast du keine Lust? Möchtest du lieber etwas anderes?«

»Na ja, ich würde gerne ins Kino. Geht das?«

Wir verabreden uns für um fünf Uhr nachmittags auf dem Platz 10. November. Ich fahre hinunter ins Zentrum, um einen Pneumologen im Krankenhaus zu interviewen, und setze mich dann auf eine Bank auf dem Platz. Ich warte auf Alicia, Doña Rosa und Evelyn.

Alicia, Doña Rosa, Evelyn, Tante Lorena, Cousine Alexia und ihr Sohn Robertito tauchen auf.

Wir begrüßen uns, geben uns Küsschen, machen Fotos vor der Kathedrale und gehen ins Kino, zwei Blocks vom Platz entfernt. Auf der Plakatwand sind drei Filme zu sehen. Die Damen sind mit jedem von ihnen zufrieden, aber Alicia hat eine klare Präferenz: *Princess by Accident*.

Im Kino herrscht während der Vorführung ein Riesenlärm. Die Zuschauer gehen ständig ein und aus, sie kommentieren die Szenen lautstark, sie buhen das böse Mädchen aus, die Frauen machen dem hübschen Jungen Komplimente – einige Männer beschimpfen ihn – und alle lachen. Als die Liebe siegt, klatschen wir.

Die Protagonistin ist eine niedliche Teenagerin aus Texas, die als Kellnerin in einem Restaurant arbeitet, weil sie für ihre Traumreise nach Paris sparen will. Ihre Klassenkameraden, allesamt schön, reich und selbstgefällig, kommen zum Essen in das Restaurant, in dem sie arbeitet, hänseln sie und machen sich über sie lustig – der Saal reagiert mit Buhrufen und gelegentlichen Beleidigungen, meiner Meinung nach zu Recht. Als sie schließlich alle nach Paris reisen, wird die texanische Kellnerin von einer Meute von Fotografen verfolgt, die sie mit einer englischen Prinzessin verwechseln. Sie ähneln sich aufs Haar. Die Diener der Prinzessin, die sich ebenfalls irren, packen das texanische Dienstmädchen in eine Limousine und bringen sie zum Hotel. Die ursprüngliche Prinzessin verschwindet, ich weiß nicht mehr, warum, und die texanische Kellnerin schlüpft für ein paar Tage in deren Haut: Sie zieht ihre wunderschönen Kleider an, ihre Schuhe, ihren Schmuck, sie wird auf eine Reise nach Monaco mitgenommen, sie besucht Galaabende, bei denen sie von allen umschwärmt wird, und beginnt sogar eine Affäre mit einem jungen, aristokratischen Polospieler. Der Saal antwortet mit Komplimenten, einige Männer beschimpfen ihn und lachen, meiner Meinung nach aus Neid. Am Ende fällt die Täuschung auf: Sie entdecken, dass das Mädchen nicht die Prinzessin ist, sondern eine gewöhnliche texanische Kellnerin, und sie packt ihre Sachen und flieht aus Monaco. Sie kümmert sich um verwaiste Kinder in Rumänien. Gerade, als allen fast das Herz zerbricht, taucht der Polospieler in Rumänien (!) auf, lächelt das Mädchen an, und das Mädchen lächelt den Jungen an. Ende. Der Saal antwortet mit Standing Ovations.

Wir gehen auf die Straße hinaus, ein wenig benommen.

»Wie witzig, der Film!«, sagt Doña Lorena.

»Mir wird das nicht passieren, dass man mich mit einer Prinzessin verwechselt«, sagt Doña Rosa und bekommt einen Lachanfall.

Sie fragen mich, ob ich schon einmal in Paris war, ob es wirklich so ist, mit diesem großen Turm, mit diesen Hotels und diesen Palästen.

Alicia wählt den Ort für das Abendessen aus: Fanny's Restaurant mit Brathähnchen, Hamburgern und Eiscreme, mit Fernsehern, die Zeichentrickfilme zeigen, einem Kinderspielplatz, Neonlicht und Latinomusik. Wir sitzen zu siebt am Tisch, bestellen Hähnchen, Pommes und Coca-Cola und unterhalten uns weiter über den Film: Was passiert nach dem Lächeln am Ende zwischen dem Mädchen und dem Jungen? Gehen sie zusammen nach Monaco? Oder nach Amerika? Heiraten sie? Alicia sagt, sie könnten beide in Rumänien bleiben, um sich um die Kinder zu kümmern.

Zum Nachtisch bestellen wir Eis. Evelyn wünscht sich den kleinen Clown: Zwei Eiskugeln bilden den Körper, eine Waffeltüte dient als Hut, zwei Waffeln werden als Arme in die Luft gehoben, das Gesicht hat Schokoladenknöpfe als Augen, Nase und Mund. Evelyn lacht laut auf, als der lächelnde Clown schmilzt und mit erhobenen Armen in die Tasse sinkt. Alicia hat einen Bären bestellt, der fast genauso aussieht wie der Clown. Als sie beginnt, seine Arme zu essen, lacht auch sie über den Anblick des armen verstümmelten Bären und sagt, dass er sie an das eine Mal erinnert, als sie einen Schokoladenhasen gegessen hat.

»Das habe ich noch nie erzählt«, sagt sie.

Es stellt sich heraus, dass Alicia letztes Jahr nach La Paz zu einem nationalen Kongress für arbeitende Kinder fuhr. Sie reiste als Delegierte der arbeitenden Kinder aus Potosí – Schuhputzer, Hausangestellte, Maurer, Bergarbeiter – im Alter zwischen zehn und siebzehn Jahren, die sich zu einer Versammlung trafen und acht Vertreter wählten, die sie nach La Paz schickten. Eine Woche lang trafen sie sich mit Kindern aus ganz Bolivien und besichtigten nebenbei die Stadt.

»Wir schliefen in einer Kaserne. Um fünf Uhr ertönte die Trompete, und wir standen mit den Soldaten auf.«

Die arbeitenden Kinder hielten eine Sitzung im bolivianischen Kongress ab und wurden von Evo Morales empfangen, dem Präsidenten, der als Fünfjähriger Eis auf der Straße verkauft, als Achtjähriger Lamas gehütet und als Zwölfjähriger Ziegelsteine hergestellt hatte.

»Erst haben nur die Cambas gesprochen«, sagt Alicia. Die Cambas sind die Bewohner des bolivianischen Oriente, des Amazonastieflandes. »Sie sagten, sie wollten nicht bei der Zuckerrohrernte arbeiten und Zuckerrohr schneiden.«

»Hast du auch das Wort ergriffen?«

»Ja, ich bin in die Mitte gegangen, wo das Mikrofon stand.«

»Und hast du Evo etwas gesagt?«

»Ja, dass die Regierung uns helfen soll, damit wir lernen können. Und dass sie Wasser und Strom in unseren Häusern auf dem Cerro anschließen müssen.«

»Und was hat Evo gesagt?«

»Er sagte: Ja, er wird es anschließen. Dann kam er zu uns, um uns die Hand zu geben.«

Die Reise nach La Paz fiel mit Ostern zusammen, und Alicia war gutgelaunt.

»Ich habe die Schokoladenhäschen gesehen, die sie auf der Straße verkaufen. Ich habe eins gekauft, so klein«, sie öffnet Daumen und Zeigefinger ein wenig, »das kostete mich fünfzig Centavos. Ich habe es aufgegessen. Und dann habe ich mit dem Geld, das ich noch übrig hatte, einen größeren Hasen für meine Mutter und meine Schwester gekauft.«

Die Mutter und die Schwester sehen sie erstaunt an. Sie hatten noch nie von dem Schokoladenhasen gehört.

»Er war wirklich groß«, sie breitet ihre Hände etwa einen Meter weit aus und schaut den unsichtbaren Schokoladenhasen mit einer amüsierten Geste an. Ich habe ihn im Bus mitgenommen, ich wollte nicht, dass er in meiner Tasche kaputtgeht. Aber es war eine lange Reise und ich hatte so Lust darauf. Ich habe ein Stück von seinem Schwanz gegessen. Ich dachte: Ich esse einfach seinen Schwanz, dann fällt es nicht auf.«

Sie lacht.

»Dann habe ich seine Ohren gegessen ...«

Die anderen fangen an zu lachen.

»Dann die kleinen Beine, dann den kleinen Körper ... Und dann war alles aufgegessen.«

Sie lachen alle los.

»Armes Häschen!«, sagt die Tante.

»Nein, wir Armen!«, sagt die Mutter.

Alicia übergab Evo Morales einen Brief der arbeitenden Kinder von Potosí: »Wir alle fühlen uns misshandelt, diskriminiert und ausgebeutet, weil wir arbeitende Jungen und Mädchen und Jugendliche sind. Wir werden schlechter bezahlt, wir haben keine Verträge und keine Krankenversicherung. Man behandelt uns schlecht, denkt schlecht über uns. Wir haben keine Zeit zu lernen, weil wir arbeiten müssen, um uns und unsere Familien zu ernähren. Wir werden von den Behörden nicht angehört. Es gibt Gesetze, aber niemand kümmert sich darum, dass unsere Rechte eingehalten werden.«

Am 18. Dezember 2013 schoss die Polizei mit Tränengas auf eine Demonstration von Kindern vor dem bolivianischen Kongress in La Paz. Dreißig von ihnen mussten medizinisch versorgt werden. Sie gehörten der Kindergewerkschaft Unatsbo (Unión de Niñas, Niños y Adolescentes Trabajadores de Bolivia – Vereinigung der arbeitenden Mädchen, Jungen und Jugendlichen Boliviens) an und protestierten gegen das Kindergesetzbuch, das ein Arbeitsverbot für Kinder unter vierzehn Jahren vorsah.

Die demonstrierenden Kinder setzten sich gegen die Internationale Arbeitsorganisation ILO, UNICEF und gegen die NGO Save the Children durch, die Kinderarbeit als Verbrechen ansehen, und überzeugten die bolivianischen Abgeordneten.

Mit viel Nachdruck hatten sich die Kinder eingesetzt. Im Jahr 2007 demonstrierten sie bereits vor dem Kongress, weil der neu gewählte Präsident Morales eine neue Verfassung vorschlug und einer der Artikel »alle Arten von Kinderarbeit« verbot. Die Fürsprecher der Kinder sagten, dass viele hungern würden, wenn sie nicht arbeiten dürften, dass Kinderarbeit nicht verfolgt, sondern reguliert werden sollte, um die Kinder vor Missbrauch zu schützen, sie gerecht zu bezahlen und ihre Arbeitsrechte anzuerkennen. Von mehreren Ministern und hohen Regierungsbeamten erhielten sie Unterstützung. So heißt es schließlich in Artikel 61 der neuen Verfassung: »Zwangsarbeit und Ausbeutung von Kindern sind verboten.« Dies ist kein besonderer Schutz für Minderjährige: Natürlich ist es auch verboten, Erwachsene zu zwingen und auszubeuten. Und 2014 wurde das Gesetz 548 verabschiedet, das sogenannte Kinder- und Jugendgesetz, das es mit Erlaubnis der Eltern über Zehnjährigen erlaubt, als Selbständige zu arbeiten, und über Zwölfjährigen, als Selbständige oder Angestellte zu arbeiten. Der Kodex besagt, dass Minderjährige keine Tätigkeiten ausüben dürfen, die sie in ihrer Entwicklung behindern. Außerdem werde der Staat ein Programm zur Unterstützung von Familien in extremer Armut entwickeln, damit Minderjährige nicht zur Arbeit gezwungen sind.

Nach Angaben des Bevölkerungsfonds der Vereinten Nationen gibt es in Bolivien 850 000 Arbeitnehmer zwischen fünf und siebzehn Jahren. Das ist fast ein Zehntel der Bevölkerung. 300 000 arbeiten dauerhaft und die Hälfte von ihnen in den schlimmsten Jobs, also in einem jener Jobs, die das Gesetz für Minderjährige verbietet. Zum Beispiel im Bergbau.

Alicia liest ein Taschenbuch, das seit fast vierzig Jahren an bolivianischen Zeitungskiosken und in Buchhandlungen verkauft wird, in legalen Nachdrucken und Raubkopien.

Der Bergmann, schreibt die Autorin, werde doppelt ausgebeutet. »Weil die Frau zu Hause viel mehr arbeiten muss, da er so wenig Geld bekommt. [...] Und indem man den Minero ausbeutet, beutet man [...] manchmal auch die Kinder aus. Weil es so viel Hausarbeit gibt, zum Beispiel Fleisch holen, Wasser holen, lassen wir sogar die Kinder arbeiten. Und manchmal müssen sie in langen Schlangen stehen, sich rumstoßen und schlecht behandeln lassen. Wenn es im Revier Mangel an Fleisch gibt, bilden sich so lange Schlangen, dass sogar Kinder totgedrückt werden, die anstehen, um Fleisch zu kriegen. Es ist eine furchtbare Trostlosigkeit.

Ich habe Kinder gekannt, die gestorben sind, ihre kleinen Rippen gebrochen [...]. In den letzten Jahren haben wir mehrere solcher Fälle gesehen. [...] Wenn man zwei oder drei Tage lang auf das Fleisch wartet, und es kommt nicht, steht man den ganzen Tag Schlange. Und die Kleinen: Zwei, drei Tage fehlen sie in der Schule. [...]

In meinem Fall zum Beispiel, mein Mann arbeitet, ich arbeite, ich lasse meine Kinder arbeiten, sodass wir mehrere sind, um den Lebensunterhalt zu verdienen. Und die Herren werden reicher und reicher, und die Lage der Arbeiter wird weiterhin schlechter und schlechter.«

Das Buch mit dem Titel *Si me permiten hablar (Wenn man mir erlaubt zu sprechen)* wurde 1977 von der Soziologin Moema Viezzer geschrieben und basiert auf den Aussagen von Domitila

Barrios, der Frau eines Bergarbeiters, die im Lager Siglo XX in Llallagua lebte und an den schrecklichsten Konflikten der 1960er und 70er Jahre beteiligt war.

»[…] trotz allem, was wir tun, existiert immer noch die Vorstellung, dass die Frauen überhaupt keine Arbeit leisten, weil sie nicht ökonomisch zum Lebensunterhalt beitragen, die Vorstellung, dass nur der Mann arbeitet, denn er, ja, er erhält einen Lohn. Wir haben uns sehr an dieser falschen Meinung gestoßen.«

Domitila stand um vier Uhr morgens auf, bereitete ihrem Mann das Frühstück, briet hundert Salteñas aus Teig und den Kartoffeln und Karotten, die ihre Kinder jeden Abend mit ihr vorbereiteten, zog die Kinder an, um sie zur Schule zu schicken, und ging los, um die Salteñas zu verkaufen, nachmittags stand sie Schlange, um in den *pulperías* – den Werksläden, in denen sich die Bergarbeiterfamilien verpflegten – Fleisch, Gemüse und Öl zu besorgen, kaufte Wolle und Strickwaren, wusch Wäsche von Hand, half ihren Kindern bei den Hausaufgaben und nahm an den Sitzungen des Hausfrauenausschusses teil. »Ich schlafe also vier oder fünf Stunden. Wir sind schon daran gewöhnt.«

Eines Tages kam sie auf die Idee, auszurechnen, wie viel eine Wäscherin, eine Köchin, ein Kindermädchen und ein Dienstmädchen kosten würden. »Kurz und gut, der Lohn, der nötig gewesen wäre, um all das, was wir im Haushalt machen, zu bezahlen, […] war wesentlich höher als das, was der Mann in der Mine in einem Monat verdient […]. Deshalb erscheint es mir wichtig, dass wir Revolutionäre die erste Schlacht bei uns zu Hause gewinnen. Und die erste Schlacht, die zu gewinnen ist, ist die, die Genossin, den Genossen, die Kinder am Kampf der Arbeiterklasse teilhaben zu lassen […]. Deshalb ist es sehr wichtig, dass wir […] für immer die bürgerliche Idee ablegen, die Frau hätte im Haus zu bleiben und sich nicht in andere Sachen, zum

Beispiel gewerkschaftliche und politische Angelegenheiten, zu mischen. Weil sie auf jeden Fall, auch wenn es nur im Haus ist, mitten im System der Ausbeutung steht, in dem ihr Mann lebt, der in der Mine oder in der Fabrik [...] arbeitet.«

Ein Zwanzigjähriger, in Jeans, Kapuzensweatshirt und Turnschuhen, kommt in die Hütte. Es ist Álvaro, Alicias älterer Bruder, der nach Porco ausgewandert war, um sich als Arbeiter zu verdingen, und nach Potosí zurückgekehrt ist, weil er in der Mine mehr verdient. Jetzt hat er genug Geld, um die Miete für eine Wohnung in der Stadt zu bezahlen, die er sich mit anderen jungen Bergleuten teilt, und er besucht ab und zu die Hütte seiner Mutter und seiner beiden Schwestern.

Er ist überrascht, mich mit Alicia und Doña Rosa auf dem Stollenvorplatz zu sehen. Wir begrüßen uns, ich stelle mich nur mit meinem Namen vor, er sagt mir seinen Namen, wir geben uns die Hand. Ich weiß nicht, ob Alicia oder Doña Rosa ihm etwas über mich erzählt haben. Er geht sofort in die Hütte.

»Manchmal macht er mich wütend«, sagt Doña Rosa mit leiser Stimme. »Sehr gewalttätig ist er. Gelitten hat er sehr, weil sein Vater ihn hart geschlagen hat. Als sein Vater starb, hat er die Schule verlassen und ist in die Mine gegangen. Schnell hat er das Trinken gelernt.«

Álvaro begann mit vierzehn Jahren in der Mine zu arbeiten. Andere Jugendliche schoben Loren, zerkleinerten Erz oder halfen den Bohrarbeitern, die mit donnerndem Getöse und erstickendem Staub die Wand anbohrten. Álvaro, klein und geschmeidig, wie er war, hatte die Aufgabe, sich durch eines dieser Wurmlöcher zu zwängen, durch die ein Erwachsener nicht gepasst hätte. Es ist eine typische Aufgabe für Jugendliche: Sie stecken den Kopf in ein Loch auf Bodenhöhe, ziehen die Schultern durch, legen sich mit der Brust auf den Felsen und kriechen, kriechen mit den Armen, ohne die Nase vom Boden zu heben. Sie ziehen einen Hammer und einen Keil mit sich. In diesen Löchern ist es heißer als fünfzig Grad und es gibt keine Lüftung: Der Körper eines Jugendlichen füllt fast den ganzen Raum aus, sodass er gerade mal genug Luft bekommt, um den Keil in das Gestein zu hauen, einige Male mit dem Hammer darauf zu schlagen und ein paar Brocken Fels vier, fünf Minuten lang zu zerklopfen, um zu sehen, ob irgendein verheißungsvolles Flöz auftaucht, wo es sich lohnen würde, Dynamit hineinzulegen. Dann muss er sich zusammenrollen, wenn denn genug Platz vorhanden ist, oder rückwärts durch das Loch kriechen, zurück zu seinen Gefährten und an die Luft.

Álvaro ist jetzt zwanzig Jahre alt, er passt nicht mehr in die Wurmlöcher und macht andere Jobs: Er schaufelt Steine, schiebt Loren. Er verdient mehr oder weniger gut, zahlt Miete, wohnt in einer Wohnung und kommt ab und zu in der Hütte vorbei. Zum Beispiel, um seine Wäsche waschen zu lassen.

Nachdem er einige Zeit mit Evelyn verbracht hat, kommt er aus der Hütte und nickt Alicia kurz zu und winkt. Sie geht zu einem Seil, das zwischen zwei Pfosten gespannt ist und an dem ein Paar Trainingshosen, T-Shirts und Hosen hängen, die Doña Rosa gewaschen hat. Sie sind bereits trocken. Alicia nimmt sie ab, steckt sie in einen Beutel und hält ihn Álvaro hin. Er gibt seiner Mutter einen kurzen Kuss, murmelt einen Gruß und geht.

Unter den Geschichten von Domitila Barrios gibt es eine, die Alicia besonders beeindruckt. Sie spielt zur Zeit der Diktatur von General Barrientos. Das Militär verhaftete Domitila im Lager Siglo XX, beschuldigte sie, eine kommunistische Rebellin zu sein, und sperrte sie in einen Kerker. Sie war im achten Monat schwanger. Sie verhörten sie, traten und schlugen sie, schnitten ihr die Augenbraue auf, brachen ihr sechs Zähne aus, verdrehten ihr das Genick, einer der Soldaten stieß sie zu Boden und rammte ihr mit aller Kraft sein Knie in den Bauch, so lange, bis sie fast erstickte. Sie warfen sie in eine Zelle, zeigten ihr ein Messer und drohten ihr, dass sie ihr Baby mit diesem Messer zerstückeln werden. In der Zelle setzten bei Domitila die Wehen ein. »Ich sagte zu mir selbst: ›Lass meinen Sohn nicht lebend geboren werden. Ich will nicht, dass der Oberst ihn tötet.‹ Der Kopf des Babys war kurz davor, herauszukommen, und ich zog ihn wieder hinein.« Domitila gebar das Kind. Sie wurde ohnmächtig. Und als sie aufwachte, sah sie das Baby in einer Pfütze in der Mitte der Zelle, zerquetscht, kalt, tot.

Unter den Geschichten von Domitila Barrios gibt es eine, die Alicia besonders amüsiert. Die Bergarbeiter des Siglo XX und ihre Ehefrauen marschieren zu Fuß nach La Paz, um dagegen zu protestieren, dass das Unternehmen ihnen mehrere Monatslöhne schuldet. Als sie die Stadt erreichen, verhaftet die Armee die Anführer. Die Frauen schließen sich daraufhin in einem Raum ein und treten in den Hungerstreik. Nach einigen Stunden trifft San Román ein, der schreckliche Claudio San Román, Leiter des Amtes für politische Kontrolle, ein Folterer, vor dem alle zurückschrecken. Er betritt mit seinen Soldaten das Gelände und wird von einer kleinen Frau mit Bowlerhut, Wolljacke und Rock angesprochen: »Wir haben keine Waffen«, sagt sie zu San Román, »aber wir werden uns jetzt alle in die Luft sprengen, denn wir sind mit Dynamit beladen und wir würden uns lieber in die Luft sprengen, als von Ihnen gefoltert zu werden.« San Román kennt diese Taktik: Die Frauen des Siglo XX binden sich Dynamit an den Körper, wenn die Armee das Lager betritt, um Bergleute zu verhaften, und sie binden sogar Dynamit an ihre eigenen Kinder. Die kleine Frau zeigt San Román ein Bündel, das sie unter ihrer Jacke trägt, und rennt zu ihren Begleitern, schreit sie an und bittet sie um einen Funken, schnell, schnell, gib mir einen Funken, ich werde mich gleich in die Luft sprengen. San Román und seine Männer nehmen ihre Beine in die Hand und Reißaus. Dann setzt sich die Frau zitternd vor Aufregung an eine Wand, öffnet ihren Mantel und zeigt ihren Begleitern das Bündel: Es ist das Fläschchen ihres Babys.

Dieser Hungerstreik der Frauen fand 1961 statt und verbreitete sich im ganzen Land, wobei sich immer mehr Gruppen von Arbeitern und Studenten ihm anschlossen. Nach zehn Tagen lenkte die Regierung ein: Sie ließ die inhaftierten Bergarbeiter frei, zahlte die ausstehenden Löhne und versorgte wieder die Läden und Krankenhäuser in den Bergbaulagern, die nun unter staatlicher Verwaltung standen. Die Frauen kehrten euphorisch nach Llallagua zurück, bereit, den politischen Kampf fortzusetzen, und gründeten das Komitee der Hausfrauen des Siglo XX. Etwa sechzig von ihnen traten bei. Sie nahmen an dem von den Bergarbeitern organisierten Triumphmarsch durch das Lager teil, und einige von ihnen gingen anschließend mit den Führern auf den Balkon der Gewerkschaft, um Reden zu halten.

»Das Lachen der Männer, als sie sie sahen, muss man gehört haben«, erinnert sich Domitila Barrios. »Sie sagten: ›Die Frauen haben sich in einer Front zusammengeschlossen, lasst sie in Ruhe! Diese Front wird nicht einmal 48 Stunden halten, sie werden gegeneinander eine Front bilden und dann ist alles vorbei.‹ Sie waren es nicht gewohnt, einer Frau zuzuhören. Und wenn die Frauen versuchten, auf dem Balkon zu reden, riefen sie: ›Lasst sie nach Hause gehen, lasst sie kochen, lasst sie waschen‹, und sie pfiffen sie aus und lachten.«

Kurz vor der Explosion

Gregorio Iriarte wurde Anfang 1964 in das Bergbaulager Siglo XX versetzt, als alles kurz vor einer Explosion stand.

»Ich werde nie vergessen, wie ich das Radiogebäude zum ersten Mal sah. Es wurde von Wächtern bewacht, die mit Gewehren und Dynamitstangen bewaffnet waren. Es war ein harter Kampf zwischen *La Voz del Minero*, dem Radiosender der kommunistischen Gewerkschaft, und *Radio Pio XII*, unserem Radiosender, dem Radiosender der Kirche, den ich leiten sollte. Das war Kalter Krieg pur, Ost gegen West, Kommunismus gegen Kapitalismus, ein Radiosender gegen den anderen. Schießen und Sprengen. Jetzt schäme ich mich fast, darüber zu sprechen.«

Der Priester Gregorio Iriarte lächelt und kneift die Augen zusammen. Er redet leise, lange, er lacht oft. Er ist 86 Jahre alt, hat feines weißes Haar und kleine, helle Augen, die sich hinter einer dicken Brille lebhaft bewegen. Er lacht oft, während er spricht, er erzählt sein Leben so, als würde er sich selbst darüber wundern, als müsste er es schnell hinter sich bringen, als wäre er erstaunt über die Schrecken in seinem Leben, als bräuchte es ein wenig Distanz und Selbstzweifel.

»Ich wurde als Bauer auf dem Schachbrett des Kalten Krieges nach Llallagua geschickt, das ist die Wahrheit. Die Kirche vertrat den Standpunkt, dass Lateinamerika durch die Ausbreitung des Kommunismus bedroht war. Und die kommunistischste Keimzelle ganz Lateinamerikas war Llallagua, das Lager Siglo XX, die Bergarbeiter. Deshalb gründete die Kirche dort 1959 zusammen mit dem kanadischen Oblatenorden einen Radiosender, *Radio Pio XII*, um gegen die kommunistische Botschaft anzugehen. Ich wurde 1964 geschickt und sollte den bisherigen Direktor ersetzen, weil die Dinge nicht gut liefen.«

Das Zusammenleben zwischen Priestern und Bergleuten war schwierig. Die Oblaten hielten in ihrem Radio Reden gegen den Kommunismus, während die bolivianische Regierung zugleich kommunistische Bergarbeiterführer verhaftete und verbannte.

Damals war die Regierung in den Händen der Nationalen Revolutionären Bewegung (MNR), die die Wahlen 1951 gewonnen hatte und im darauffolgenden Jahr tatsächlich eine Revolution durchführte. Der neue Präsident Víctor Paz Estenssoro führte zum ersten Mal in Bolivien das allgemeine Wahlrecht ein. Bis dahin konnten nur Männer mit einem bestimmten Bildungsstand und Einkommen wählen, 2,5 Prozent der Bevölkerung. Der Präsident hob rassistische Gesetze auf, die zum Beispiel der Quechua- und Aymara-Bevölkerung verboten, städtische Plätze zu betreten; er verbot die *pongueaje*, die feudale Leibeigenschaft, in der Großgrundbesitzer indigene Familien hielten; er führte eine Agrarreform ein: Er entzog den Großgrundbesitzern, die 95 Prozent des Landes unter ihrer Kontrolle hatten, ihre Ländereien und verteilte sie unter den Bauern; er führte die Schulpflicht und das Recht auf kostenlose Bildung sowie eine allgemeine Sozialversicherung ein.

Und er verstaatlichte die Minen. Die Lagerstätten und Anlagen der Minenbarone Aramayo, Hochschild und Patiño – der ein Jahr zuvor verstorben war – gingen in Staatseigentum über, kontrolliert von einem neuen, staatlichen Unternehmen, der Comibol, der Corporación Minera de Bolivia (bolivianische Bergbaugesellschaft). Der Zinnreichtum würde endlich der Entwicklung Boliviens zugutekommen. Das zumindest war der Plan.

Aber die Comibol war ein weiteres Desaster.

Dabei begann die Sache gar nicht schlecht. Mit ihrer Gründung 1952 war die Comibol zweitgrößte Zinnproduzentin der Welt. Zu Beginn brachte sie Geld ein, und der Staat verbesserte die Arbeitsbedingungen erheblich: Er erhöhte ihre Löhne, gab ihnen Arbeitsrechte, verbesserte die Gesundheitsversorgung, die Hygiene, die Unterbringung, die Ernährung und die Bildung in den Lagern.

Aber die Comibol wurde zu einem bürokratischen Elefanten und zu einem politischen Apparat. Die Gewerkschaften nahmen an den Entscheidungen des Unternehmens teil – man nannte dies Arbeitnehmerkontrolle –, und die Gewerkschaftsführer wurden zu Bossen: Sie vermittelten ihre Mitglieder, schufen Posten für ihre Sympathisanten und knüpften ein immer dichteres Netz an Klientelismus. Innerhalb von fünf Jahren stieg die Zahl der Comibol-Mitarbeiter von 24 000 auf 35 600, und nur jeder Dritte war ein Bergarbeiter. Der Rest hatte seine kleinen Jobs in Büros und verschiedenen Verwaltungen: »Das Unternehmen hatte unter allen Bergbauunternehmen weltweit den schlechtesten Personaleinsatz und die höchsten Arbeitskosten«, schreibt der Ingenieur Jorge Espinoza. Die Verschwendung von öffentlichen Geldern war skandalös. Die Führungskräfte zahlten Partys, Bankette, Reisen, Stipendien und Spenden aus politischem Interesse und ließen gewaltige Kostenüberschreitungen befreundeter Lieferanten zu.

Außerdem gingen die seit einem halben Jahrhundert von den Zinnbaronen ausgebeuteten Vorkommen langsam zur Neige.

Die Comibol investierte nicht in die Erweiterung der Abbaugebiete, eröffnete keine neuen Minen, modernisierte nicht die veraltete Technologie; das Geld floss in die Taschen der Bosse und ihrer Klientel. Die Gewerkschaften kämpften untereinander und gegen die Regierung, und Streiks sollten die eigene Macht zementieren: Jedes Jahr gab es zwischen 30 und 40 Tage Arbeitsniederlegungen in den Bergwerken; 1961 waren es sogar 210, und 1963 195 Tage.

Zudem schossen die Ausgaben der Comibol in die Höhe und die jährliche Zinnproduktion sank von 25 000 auf 12 000 Tonnen. Bolivien verlor jedes Jahr Millionen von Dollar durch den Bergbau.

Das riesige Comibol-Unternehmen war auch ein staatliches Instrument, um politische Kontrolle auszuüben. Es zahlte Mindestlöhne und erbrachte zudem eine Reihe von Dienstleistungen – Wohnungen, Bildungangebote, Gesundheitsfürsorge, stark subventionierte Lebensmittel in den *pulperías*, mit denen es die Bergleute in Abhängigkeit hielt. Indem der Staat die Lagerhäuser voll oder leer hielt, Preise anhob oder senkte, Wohnungen zuwies, konnte er die Bergleute in Zeiten von Streiks und Aufständen je nachdem belohnen oder bestrafen.

Die Revolution bekam Risse. Bolivien war komplett vom Zinnexport abhängig, und als die internationalen Preise in den Keller fielen, war kein Geld mehr für die öffentliche Bildung, die soziale Sicherheit und die Erzförderung der Minen vorhanden. Kurz gesagt, kein Geld mehr für die Revolution.

Der Zusammenbruch der Zinnpreise war kein Zufall; es war eine Entscheidung der USA.

Während des Zweiten Weltkriegs verkaufte das Bolivien der Bergbauoligarchen 173 000 Tonnen Zinn an die Vereinigten Staaten zu einem lächerlichen Preis, der weit unter den damals üblichen Preisen lag, als besondere Kriegshilfe. Insgesamt legten die USA einen Vorrat von 350 000 Tonnen an – das entsprach der Weltproduktion von zwei Jahren. Und Bolivien erhielt 670 Millionen US-Dollar weniger, als wenn es zum Marktpreis verkauft hätte. 670 Millionen US-Dollar zu wenig.

Als die revolutionäre Partei die Wahlen gewann und die Macht übernahm, rümpften die Vereinigten Staaten die Nase und ergriffen drei Maßnahmen, um Bolivien zu erdrosseln: Sie blockierten die Exporte und ließen das Land ohne Einnahmen dastehen; sie verlangten, dass Bolivien seine Auslandsschulden in Höhe von 62 Millionen Dollar bezahlte – eine Schuld, die 1931 eingefroren wurde und die die Vereinigten Staaten nie eingefordert hatten, solange die Bergbauoligarchen regierten; und sie verkauften auf einen Schlag 50 000 Tonnen Zinn, um den Markt zu sättigen. Die USA verkauften dasselbe Zinn, das Bolivien ihnen fast geschenkt hatte, der Preis sank in den Keller und Bolivien war ruiniert.

Da das Land am Rand der Hungersnot stand, akzeptierte Präsident Paz Estenssoro die Bedingungen der Vereinigten Staaten und des Internationalen Währungsfonds, um Kredite zu erhalten. Bolivien, das damals drei Millionen Einwohner zählte, wurde zum Land, das die meisten US-Gelder erhielt: Washington finanzierte ein Drittel des Staatshaushalts. Und diktierte die Bedingungen. Paz Estenssoro unterzeichnete Verträge mit US-Firmen zur Förderung bolivianischer Ölfelder; er zahlte die von den in den USA lebenden Erben Patiños geforderte millionenschwere Entschädigung für die Verstaatlichung der Minen; und er bildete seine eigene Regierung gemäß den Vorgaben der USA um. Er entließ kommunistische Minister und die der Bergbaugewerkschaft angehörten, und schaffte die Arbeiterkontrolle bei der Comibol ab.

Die linken Gruppierungen, die die Regierung unterstützten – Marxisten, Trotzkisten, Gewerkschafter, Studentenoranisationen –, organisierten Streiks und Demonstrationen gegen Paz Estenssoro. Sein Vizepräsident, General Barrientos, wurde laut freigegebenen CIA-Dokumenten von der CIA finanziert und bereitete einen Staatsstreich für Ende 1964 vor.

Zu diesem Zeitpunkt begann Gregorio Iriarte als Leiter des katholischen Radios im Lager Siglo XX. Als alles kurz vor der Explosion stand.

Die kanadischen Oblaten predigten gegen die Bräuche der bolivianischen Bergleute, die Prozessionen mit katholischen Jungfrauen und Heiligen, aber auch mit Teufelstänzen, Andengeistern und nächtlichen Musiktouren feierten. Der Kulturschock war groß. Und ideologische Differenzen machten es noch schlimmer. 1961 beschuldigten die Bergarbeiter die Priester der Kollaboration mit der Armee, als einige Gewerkschaftsführer in den Amazonasdschungel verbannt wurden. Sie umzingelten den Radiosender *Pio XII*, warfen Dynamit auf das Gebäude und führten eine Prozession mit einer in eine Soutane gekleideten Puppe durch, an die sie ein Transparent hängten: »Ausländische Priester raus«. Sie näherten sich der Kirche, sangen die Internationale und setzten die Puppe in Brand.

In Llallagua hörten alle den Kommentaren des Anarchisten Claudio Marañón zu, die von *La Voz del Minero* ausgestrahlt wurden. Wutentbrannt nannte er die Priester »Wölfe im Schafspelz«, »Agenten im Dienste des amerikanischen Imperialismus, die Yankee-Geld unter der Bauernschaft verteilten«, »Vampire« und »Feinde der bolivianischen Arbeiterklasse«. So sagte er zum Beispiel: »Pater Maurice Lefebvre wird nie ein wahrer Christ sein. Denn Christus war groß, erhaben, rein. Und dieser Maurice will, dass die Menschheit, jene Menschheit, für die der göttliche Meister Jesus von Nazareth am Kreuz von Golgatha gelitten hat, versklavt, betrogen und ausgebeutet wird durch die unmenschlichen Kapitalisten und die blutrünstigen Gewaltherrscher im Namen des amerikanischen Dollars.«

Eines Morgens fuhr der Fahrer von *Radio Pio XII* mit seinem Lieferwagen durch die Straßen des Lagers, um für die Priester einzukaufen. Er überfuhr einen Hund, und es stellte sich heraus, dass der Hund Marañón gehörte. Er selbst verlautbarte die Nachricht in der Wochenschau von *La Voz del Minero*: »Imperialistischer Lieferwagen überfährt proletarischen Hund!«

»Die Gewerkschaft in Llallagua war die mächtigste des Landes«, sagt Gregorio Iriarte. »Wenn sie streikte, stoppten die Zinnausfuhren. Die Regierung geriet dann in große Schwierigkeiten, weil ihr die Devisen ausgingen und sie nichts mehr bezahlen konnte. Sie schickte die Armee, um die Anführer zu verhaften und auf die Demonstranten zu schießen. Llallagua war sehr ernstzunehmen.«

Während seiner ersten Wochen im Lager besuchte Iriarte Bergarbeiterfamilien in ihren Häusern. »Ich habe sofort gemerkt, dass sie schrecklich ausgebeutet wurden. Mein Gott, wie sie lebten!«

Das Unternehmen Comibol stellte den Familien die Häuser in dem alten, privaten Lager von Patiño zur Verfügung. Sie waren klein und drohten auseinanderzufallen. In jedem Haus lebte der Bergmann mit seiner Frau und seinen Kindern, und wenn er einen weiteren Bergmannsbruder oder einen Cousin hatte, wurde auch dieser mit seiner Familie im selben Haus untergebracht: Zehn, zwölf oder fünfzehn Personen konnten in Wohnungen mit vierzig Quadratmetern gepfercht werden. Sie hatten keine Heizung, kein fließendes Wasser, keine Toiletten. Sie mussten die kommunalen Latrinen im Lager benutzen. Ärzte gab es auch nicht: Das Krankenhaus war für die Ingenieure und Techniker bestimmt, die in einem edlen Villenviertel am Stadtrand wohnten. Um Lebensmittel zu kaufen, gingen die Frauen in den Lebensmittelladen des Unternehmens und standen stundenlang in der Schlange, da die Produkte ausgingen und zu spät nachgeliefert wurden. Man sagte ihnen, dass es am nächsten Tag Fleisch, Eier oder Öl geben würde, und die Frauen und Kinder standen die ganze Nacht an, damit sie nicht leer ausgingen.

»Und dann war da noch die Arbeit in der Mine. Sie starben wie die Fliegen.«

Viele starben bei Stolleneinstürzen, beim Sturz in einen Schacht oder bei einer Dynamitexplosion. Das Schlimmste war die Silikose. In ein paar Jahren würden sich ihre Lungen auflösen, sie bekamen keine Luft mehr und die Firma warf sie raus. In die Arbeitslosigkeit, die Familie verlor das Haus und die Kinder konnten nicht mehr in die Schule gehen. Sie kehrten in ihre Dörfer zurück, suchten sich irgendeine Bleibe oder blieben als Bettler auf der Straße.

»Mein Gott, wie viele Bettler man auf der Straße um Almosen bitten sah!«

»Wenn wir das Lager Siglo XX verlassen, stehen die Blinden in einer Reihe, eine lange Masse an Menschen«, schrieb René Poppe, Philosoph und Bergmann. »Zudem ist ihre Hand oder ihr Fuß verstümmelt oder ein anderer Körperteil ist defekt, was sie daran hindert, sich normal zu bewegen. Es sind keine blinden Menschen, die von außerhalb des Geländes kommen. Es sind Blinde aus dem Inneren der Mine. Sie beten für die Seelen der Verstorbenen. Für die Arbeit in der Mine sind sie unbrauchbar, in ihr Dorf können sie nicht zurückkehren und das Einzige, was ihnen bleibt, ist, für die Toten zu beten. Die Menschen hier sind wohltätig. Sie haben nicht viel zu essen, aber sie teilen ihre Armut und unterstützen die Blinden. Sie geben ihnen eine Münze und bitten sie, für die Toten zu beten.«

»Das Problem in Llallagua war nicht der Kommunismus, es war die Ungerechtigkeit«, sagt Iriarte.

Er lebt jetzt in der Residenz der Oblaten in Cochabamba. Die Wände seines Zimmers sind kahl, bis auf zwei Dinge: ein kleines Kruzifix und ein Poster des Filmes *The Kid*, auf dem der Vagabund Charlot ein verlassenes Kind an der Hand hält. In dem Zimmer steht ansonsten nur ein Bett, ein Schrank und ein Tisch mit Büchern und Papieren, an dem er schreibt und immer weiterschreibt, an dem er gerade die siebzehnte Auflage seines berühmtesten Buches, der monumentalen *Kritischen Analyse der Wirklichkeit*, überarbeitet hat. Er veröffentlichte es 1983 und hat es seitdem immer wieder aktualisiert. Das Buch umfasst siebenhundert Seiten und erklärt detailliert die Lage in der Welt, in Lateinamerika und in Bolivien, die Armut und den Reichtum, die Ungleichheit, die Entwicklung, die Gesundheit, die Bildung, die Probleme von Kindern, den Drogenhandel, die Ökologie, die Menschenrechte, die Globalisierung, die Medien und vieles mehr. Es steht in Buchläden, in Klassenzimmern und auf den Nachttischen mehrerer bolivianischer Präsidenten. Es war das Nachttischbuch von Evo Morales, der Iriarte während seiner Präsidentschaftskandidatur um Vorträge und Lesungen bat.

Iriarte wurde in Olazagutía, in der spanischen Provinz Navarra, als Sohn eines Zementfabrikarbeiters geboren, der sich in allen Vereinen des Dorfes engagierte, und einer Hausfrau, die ihm bei seiner Priesterweihe einen Rat gab: »Niemals sollte ich mich von den Armen entfernen.«

Er schenkt mir zwei seiner Bücher und dann gehen wir in den Besucherraum – ein Sofa, ein paar Sessel und ein Glastisch mit zwei Wassergläsern.

»Ich begann mich zu fragen, ob das alles nicht eine enorme Ungerechtigkeit sei, ob wir bei *Radio Pío XII* nicht einen Fehler machten, wenn wir immer auf der Seite des Unternehmens und der Regierung stünden. Eines Tages traf ich Federico Escóbar. Er war der Vorsitzende der Bergarbeitergewerkschaft, ein sehr seriöser Mann, sehr hart, sehr angesehen. Ich war erst seit ein paar Tagen in Llallagua, und einige Gewerkschaftsmitglieder kamen zu mir und baten mich, einen Projektor zu segnen, den sie zum ersten Mal benutzen wollten. Die Gewerkschaft hatte ein Kino im Siglo XX. Ein Saal, na ja, ein Sälchen: Es war eher ein großer Raum, ein bisschen ärmlich, mit ein paar Stühlen. Ich wollte nicht hingehen, ich traute dem Ganzen nicht. Sie bestanden aber darauf, und schließlich ging ich hin. Ich betrat den Raum, in dem sich mehrere Gewerkschafter befanden. Einer von ihnen war Escóbar. Wir begrüßten uns sehr ernst, und sie nahmen ihre Mützen ab, als ob sie darauf warteten, dass ich meinen Segen gebe. Ich fing aber nicht an. Ich wusste nicht einmal, was ich sagen sollte. Ich sah, dass oben auf dem Projektionsgerät drei Bierflaschen standen. Und ich sagte zu ihnen: ›Ihr könnt das Bier schon aufmachen, denn hier wird es kein Weihwasser geben.‹ Escóbar antwortete: ›Nun, wenn es kein Weihwasser gibt, gibt es auch kein Bier.‹ Ich schwieg. Und er sagte zu mir: ›Padre, Sie wollen die Maschine nicht segnen, weil Sie denken, dass wir sie benutzen werden, um kommunistische Filme zu zeigen. Sehen Sie: Gute und heilige Dinge brauchen keinen Segen. Wenn Sie glauben, dass dies für etwas Schlimmes ist, müssen wir es absegnen.‹ Das fand ich amüsant. Am Ende segnete ich den Projektor, wir tranken unsere Biere und Escóbar sagte einige Dinge, die mich beeindruckten: ›Sie werden mich nicht verstehen, aber ich bin hundertprozentig Kommunist und hundertprozentig Katholik. Ich kämpfe gegen die Ungerechtigkeit und gegen die Ausbeutung der Leute.‹ Gut, das war ja auch mein Ziel. ›Sie haben ja gesehen, wie die Bergarbeiter hier leben‹, sagte er. ›Sagen Sie mir: Wird *Radio Pio XII* für sie einstehen oder wird es das Unternehmen weiterhin unterstützen? Wenn Sie mit den Bergleuten sind, werden Sie mich an Ihrer Seite haben. Wenn Sie mit der Firma sind, werden Sie mich vor sich haben. Denken Sie an eines: Würde Christus, der Ihr und mein Vorbild ist, jetzt kommen, mit wem würde er sein, an wessen Seite würden die Armen und die Opfer der Ungerechtigkeit stehen?‹ Ich ging sehr beeindruckt nach Hause und sagte zu meinen Oblatenbrüdern: ›Ich glaube, wir machen einen Fehler. Es gibt nur drei oder vier echte Kommunisten, die anderen folgen ihnen, weil sie gegen Ungerechtigkeit kämpfen. Das sollten wir auch tun. Man muss denen beistehen, die leiden und verfolgt werden. Es ist keine politische Frage, sondern eine Frage der Menschlichkeit und der Religion.‹«

Iriarte nimmt das Glas Wasser, nippt ein wenig, lächelt flüchtig.

Es folgte eine sehr schwere Zeit. General Barrientos kam durch einen Putsch im November 1964 an die Macht, und eine seiner ersten Maßnahmen bestand darin, die Löhne der Bergarbeiter um die Hälfte zu kürzen. Alle Bergwerke des Landes traten in den Streik. Und die Armee antwortete mit enormer Repression: Sie schoss sich den Weg frei, besetzte die Bergwerke, verhaftete die Anführer … In kurzer Zeit arbeiteten alle Bergarbeiter wieder. Mit Ausnahme derer des Siglo XX. Das Militär hatte das Lager umzingelt, wagte aber nicht einzudringen, weil die Verteidigung stark war und es zu einer Schlacht kommen konnte.

Die Armee sandte eine Botschaft an die Oblatenbrüder, die über das *Radio Pio XII* verlesen wurde: »Wenn Federico Escóbar sich nicht ergibt, werden wir hineingehen und ihn holen.«

Der Kommunist Escóbar kam in das Haus des Priesters Iriarte und bat um Rat.

»Ich habe ihm einen Fluchtplan vorgeschlagen«, sagte Iriarte. »Denn sie wollten ihn töten!«

Sie trafen sich am nächsten Tag um fünf Uhr morgens, noch vor Sonnenaufgang. Sie wollten die Dunkelheit nutzen, um mit dem Auto das Lager zu verlassen. Drei Personen fuhren mit: ein junger Kanadier, der mit den Oblatenbrüdern zusammenarbeitete und als Fahrer fungierte; Pater Iriarte, gekleidet in eine Soutane, die er sonst nie trug, mit der er aber versuchte, die Soldaten ein wenig zu beeindrucken; und Federico Escóbar selbst, gekleidet in Anzug und Krawatte und mit einem falschen Ausweis, den die Priester selbst für ihn vorbereitet hatten, auf den Namen Francisco Belzu, Händler aus Llallagua.

Bevor er ins Auto stieg, richtete Escóbar eine Bitte an Iriarte: »Padre, beten wir drei Ave-Marias, denn die Reise wird sehr gefährlich.«

Iriarte lachte: »Sieh mal, Federico, gerade die Marxisten sagen doch, dass es die Angst ist, die die Götter erschafft.«

»Das ist gut möglich, aber ich versichere Ihnen, ich bete jede Nacht ohne Angst.«

Sie beteten die Ave-Marias und fuhren mit dem Auto los. Iriarte hatte eine Schachtel Zigaretten in seiner Tasche. Er rauchte zwar nicht, aber dachte, dass es vielleicht einmal nützlich sein könnte, sie den Soldaten anzubieten und so die Situation ein wenig zu entschärfen.

Als sie an der Straßensperre, dem militärischen Kontrollpunkt, ankamen, war es noch dunkel. Ein Hauptmann salutierte vor Iriarte. Der Priester stieg lächelnd aus dem Auto und reichte ihm die Hand.

»Padre, ich werde Sie um Ihre Mitarbeit bitten«, sagte der Hauptmann. »Wir müssen einige Subversive festnehmen, aber wir wissen, dass die Bergleute auf uns warten und bewaffnet sind. Bitte sagen Sie uns, wie sie organisiert sind. Und wo ihre Anführer sich aufhalten. Ich rufe den Oberst an und Sie erklären es ihm.«

»Aber nein, Herr Hauptmann, Sie wollen den Oberst doch nicht zu dieser Stunde wecken? Schauen Sie, ich fahre jetzt nach Oruro, weil ich dort eine Messe halten muss, und wenn ich schon mal dort hinfahre, nehme ich Herrn Belzu mit, der auf Geschäftsreise ist. Wenn wir zurückkommen, werden wir in aller Ruhe darüber reden, und ich werde Ihnen helfen, wo immer ich kann, keine Sorge.«

Der Hauptmann meinte, das sei in Ordnung, aber sie müssten ihm die Ausweise zeigen, weil sie registrieren müssten, wer das Lager verlässt und betritt. Iriarte gab ihm die drei Dokumente, und der Hauptmann begann, sie im Scheinwerferlicht des Wagens zu lesen: zuerst das von Iriarte, dann das des Kanadiers, und als er das falsche Dokument von Escóbar prüfen wollte, hielt Iriarte ihm die Zigarettenschachtel hin.

»Nehmen Sie, mein Hauptmann, verteilen Sie es unter den Soldaten, denn die Nacht ist lang.«

Der Hauptmann nahm das Paket entgegen, bedankte sich bei Iriarte, gab die Dokumente zurück, ohne sie weiter zu beachten, und befahl, die Schranke hochzulassen.

Iriarte verabschiedete sich von Escóbar in Oruro. Dessen Parteifreunde warteten dort mit einem anderen Auto auf ihn, um ihn durch die Wüste nach Chile zu bringen. Als Iriarte und der

Fahrer nach Llallagua zurückkehrten, führte der Kommandant den Priester in sein Büro und fragte ihn nach der Organisation der Bergleute, wie sie sich vorbereiteten und wo ihre größten Stärken lägen. Iriarte erklärte ihm, dass es nichts Ungewöhnliches gebe, dass sie nicht bewaffnet seien und dass es keinen Grund zur Gewalt gebe. Der Kommandant lachte.

»Oh, Padre, die Kommunisten täuschen euch Priester doch immer wieder.«

Iriarte lächelt jetzt schelmisch.

»Einige Monate später wurde Escóbar verhaftet, als er versuchte, mit demselben gefälschten Dokument aus Brasilien wieder nach Bolivien einzureisen. Wahrscheinlich haben sie ihn zum Reden gebracht, denn dieses Dokument hat mir eine Menge Ärger bereitet.«

Nach einigen Wochen erhielt Iriarte einen Anruf von Präsident Barrientos: Er teilte ihm mit, dass er sich gerne in Ruhe mit ihm über die Situation im Siglo XX unterhalten würde, und lud ihn zum Mittagessen in sein Haus in La Paz ein.

»Ich fuhr ein paar Tage später dorthin. Sie hatten den Tisch für uns in einem Innenhof gedeckt, einen kleinen Tisch, und wir aßen allein. Er war gesprächig, sympathisch. Wir haben über viele Dinge gesprochen, über die Bergleute, das Radio, alles war sehr herzlich. Plötzlich fragte er mich: ›Padre, wer hat Escóbar nach Chile gebracht?‹ ›Ich war das.‹ ›Ja, das wusste ich schon. Haben Sie ihm auch das falsche Dokument ausgestellt?‹ ›Ja.‹ ›Sie wissen, dass das eine Straftat ist.‹ ›Ja, Herr Präsident, aber ein Leben zu retten ist wichtiger, als ein Papier zu fälschen.‹ Ich sagte ihm, dass Escóbar ein guter Mensch sei, dass er keine Verbrechen begangen habe, dass er sich für die Rechte der Bergarbeiter einsetze und dass die Bergarbeiter viele Probleme hätten, dass er das zur Genüge wisse. Barrientos bejahte alles, sagte, sehr gut, er habe verstanden. ›Aber Sie wissen, Padre, dass das Militär sehr aufgebracht war. Sie sind wütend auf mich, sie wollen, dass ich etwas unternehme.‹«

Barrientos tat etwas. Er ging in das Lager Siglo XX, stellte sich auf ein Podest auf dem Platz und hielt eine Ansprache an die Bergarbeiter auf Spanisch und Quechua: Er sagte, dass er ihre Gehälter um die Hälfte gekürzt habe, weil die Comibol aufgrund der korrupten Revolutionsregierung ruiniert sei und um die Entlassung der 35 000 Beschäftigten zu vermeiden. Aber die Kürzungen würden nur für ein Jahr sein und er würde die Konten bereinigen und ihnen das verlorengegangene Geld zurückzahlen, sogar den Gewinn würde er mit ihnen teilen und sei für ihr Opfer mehr als dankbar.

Einige Wochen später schickte er Soldaten mit Maschinengewehren ins Siglo XX. Er hatte die Gewerkschaften verboten, dreihundert Gewerkschafter in den Dschungel des Amazonas deportiert und wollte die letzten Anführer, die sich in den Stollen versteckt hielten, verhaften. Die Operation von Barrientos umfasste die Stürmung des Lagers, einen bewaffneten Überfall von Haus zu Haus und einen Angriff von Flugzeugen, die Menschen auf offener Straße niedermähten: 82 Menschen wurden getötet und mehr als zweihundert verwundet.

»Im *Radio Pio XII* prangerten wir das Massaker an und anscheinend war das Militär deshalb wütend auf uns«, sagt Iriarte. »Eines Nachts warfen sie zwei Bomben auf das Gebäude. Das ganze Lager wachte auf. Es kamen viele Leute zum Radiosender. Zu diesem Zeitpunkt unterstützten uns die Bergarbeiter bereits, sie sahen, dass wir auf ihrer Seite standen und dass die Armee auch uns Priester angriff, um uns zum Schweigen zu bringen. Die Kasernen waren ganz in der Nähe, aber sie kamen nicht einmal, um sich wegen der Bomben zu erkundigen, nichts. Jeder wusste, dass sie es waren.«

Auf das rote Massaker – Überfälle, Erschießungen, Maschinengewehrsalven – folgte das sogenannte weiße Massaker: Die Comibol feuerte Hunderte von Bergarbeitern, die in irgendeiner Weise mit den Gewerkschaften verbunden waren, warf Familien aus ihren Häusern und verwies Kinder von der Schule.

Nach dem Massaker erhielt Barrientos eine Million Dollar von der CIA, um 1966 seinen Wahlkampf zu finanzieren. Er hatte zwei Jahre nach dem Staatsstreich Wahlen angesetzt, um seine Präsidentschaft zu legitimieren. Auf diese Weise schienen sie sauberer. Er verbot die Kandidaturen seiner wichtigsten Konkurrenten, gewann die Wahlen mühelos und begann, Abkommen zu unterzeichnen: zur Errichtung eines US-Militärstützpunktes in El Alto, zur Konzessionierung von Minen an das US-Unternehmen Philips und zur Kooperation der US-Gulf Oil Company mit der staatlichen bolivianischen Ölgesellschaft Yacimientos Petrolíferos Fiscales Bolivianos (YPFB), mit überaus vorteilhaften Bedingungen für Gulf.

Für den Fall, dass jemand protestieren würde, wurde Antonio Arguedas zum Innenminister ernannt, einem weiteren bolivianischen CIA-Mann. Jahre später erzählte er, wie US-Agenten an den Verhören, Ermordungen und dem Verschwinden von Gewerkschaftsführern beteiligt waren.

Aber den Vogel abgeschossen hat Barrientos mit einer anderen Ernennung: Klaus Altmann, ein Deutscher mit bolivianischer Staatsangehörigkeit, ein unbekannter Kleinunternehmer. Ihm übertrug er die Leitung der staatlichen Schifffahrtsgesellschaft Transmarítima, ebenfalls klein und unbekannt: Sie hatte nur ein Flussschiff und wenig zu tun.

Klaus Altmann war der Nazi Klaus Barbie.

Das heißt: Leiter der Gestapo in Lyon während des Zweiten Weltkriegs, der 4432 Menschen ermorden ließ, 14 311 folterte und in Todeslager schickte. Gern übernahm er persönlich die Arbeit: Er folterte Männer, Frauen und Kinder, brach ihnen Arme und Beine, verpasste ihnen Elektroschocks, häutete sie, ertränkte sie in Ammoniak-Eimern, vergewaltigte sie, griff sie mit Hunden an. Nach dem Krieg versteckte sich Barbie in Bolivien und nahm den Nachnamen Altmann an. Bittere Ironie: Es war der Nachname des Rabbiners seines Dorfes.

Barbie bot Barrientos seine Dienste an, der sie zu schätzen wusste. Die Flussschifffahrtsgesellschaft diente als Deckmantel für den Waffenhandel, die insgeheime Finanzierung des Regimes und die Ermordung von Dissidenten. Nach Angaben von Amnesty International begingen die von Barbie organisierten Todesschwadronen gegen bolivianische Oppositionelle zwischen 3000 und 8000 Morde.

Unter den Tausenden von Opfern war Klaus Barbie auf eines besonders stolz: Adolfo Mena González, ein uruguayischer Wirtschaftswissenschaftler, der im November 1966 nach Bolivien einreiste und ebenfalls unter falschem Namen im Land unterwegs war.

Adolfo Mena war Che Guevara.

Im April 1967 wurde eine Botschaft veröffentlicht, die Che vor seiner Abreise aus Kuba nach Bolivien verfasst hatte. Darin lehnte er den ungerechten Nachkriegsfrieden ab und mahnte einen »großen und grausamen weltweiten« Konflikt an, um die »Zerstörung des Imperialismus« herbeizuführen und eine neue, gerechtere Weltordnung zu schaffen. Ein solcher Kampf erfordere es, den »Hass als Faktor des Kampfes« zu nutzen; »unnachgiebiger Hass auf den Feind, Hass, der über die natürlichen Grenzen des Menschen hinausgeht und ihn in eine effektive, gewaltsame, selektive und kalte Tötungsmaschine verwandelt. Unsere Soldaten müssen so sein. Ein Volk ohne Hass kann nicht über einen brutalen Feind triumphieren«. Er zitierte in der Botschaft den Satz des kubanischen Dichters und Nationalhelden José Martí: »Es ist die Stunde der Öfen und nichts als das Leuchten soll zu sehen sein.« Che schrieb: »Wie strahlend und nah würde sich die Zukunft darbieten, wenn zwei, drei, viele Vietnam auf der Welt bestünden mit seinem Blutzoll, mit seinen ungeheuerlichen Tragödien, mit seinem täglichen Heldentum, mit seinen unablässigen Schlägen gegen den Imperialismus, der auf diese Weise gezwungen wird, seine Kräfte unter dem Ansturm des wachsenden Hasses der Völker der Welt zu zersplittern.«

In den Dschungelbergen von Ñancahuazú organisierte er eine Guerilla-Bewegung mit etwa fünfzig Kämpfern, fast alle Bolivianer und Kubaner, und wiederholte ihnen dort seine Botschaft: »Bolivien muss geopfert werden, um revolutionäre Bedingungen in den Nachbarländern zu schaffen. Wir müssen ein neues Vietnam in Südamerika schaffen, und sein Zentrum wird Bolivien sein.« Che sah voraus, dass ein Krieg in Bolivien auf die Nachbarländer übergreifen und die Vereinigten Staaten zwingen würde, in Südamerika zu intervenieren, was wiederum die Sowjetunion und China zwingen würde, in den Krieg gegen Nordamerika zu ziehen. In einem abgelegenen Lager in den bolivianischen Bergen war er der Überzeugung, dass seine fünfzig Guerilleros den Dritten Weltkrieg auslösen würden. Auch er wies Bolivien das Schicksal zu, das dem Land in den letzten fünfhundert Jahren immer wieder zuteilgeworden war: Es sollte geopfert werden.

Eines Tages gab die Guerilla von Che ein Communiqué heraus, zu dessen Unterzeichnern mehrere bekannte Bergarbeiter aus dem Siglo XX gehörten. Gleichzeitig verkündeten die Führer der verbotenen Bergarbeitergewerkschaft, dass alle Arbeiter eine Mita, einen Tageslohn, an die Guerillas spenden.

»Das war unvorsichtig«, sagt Iriarte.

Barrientos hatte den Ausnahmezustand ausgerufen und die Armee brauchte nur einen Vorwand, um wieder das Lager zu überfallen.

»Mensch, damals dachte keiner von uns, dass die Gefahr so groß wäre, doch die CIA und die bolivianische Armee hatten eine sehr klare Strategie: Sie wollten nicht nur die Guerilla-Vorhut angreifen, sondern auch die Nachhut in den Minen schlagen. Sie planten einen Überfall auf das Siglo XX. Und sie organisierten das Massaker gewissenhaft, um eine sehr harte Lektion zu erteilen.«

Die Militärs wählten die Nacht von San Juan, dem großen bolivianischen Fest. Die Bergleute und ihre Familien verbrachten die Nacht mit Feiern, Lagerfeuern, Fleischgrillen auf der Straße, Singen und Trinken. Viel Trinken.

Die Armee kam nicht auf der Straße angerückt, wie andere Male. Die Militärs wollten größtmögliche Überraschung. Um vier Uhr morgens schickten sie einen Zug voller Soldaten nach Cancañiri, einer Erzverladestation in den Bergen. Die Soldaten waren bereits gut aufgeheizt: Vor solchen Angriffen verteilten die Kommandeure Schnapsflaschen an die Soldaten, forderten sie auf zu trinken, brüllten sie an und ließen sie dann wie tollwütige Tiere den Berg hinunterrennen.

Um zwanzig nach vier schliefen die Bergleute ihren Rausch auf den Straßen des Lagers aus.

Einige Lagerfeuer brannten noch.

Die Soldaten rannten schreiend den Berg hinunter und feuerten in der Dunkelheit mit ihren Maschinenpistolen. Sie liefen durch die Straßen und feuerten ununterbrochen, verfolgten die Fliehenden in ihre Häuser, traten die Türen ein und schossen mit auf alle, die sie darin fanden. Sie gingen zurück auf die Straße und schossen auf Betrunkene, auf Kinder, auf alte Frauen, auf jede und jeden, den sie finden konnten. Sie gingen in die kommunalen Latrinen und erschossen die Menschen, die sich dort aufhielten.

»Ich erinnere mich an ein Mädchen, das weinend zum Radio kam«, sagt Iriarte.

»Sie war auf die Toilette gegangen und eine Kugel hatte ihr Kleid durchbohrt. Wie durch ein Wunder war sie am Leben. Und an Fidelia erinnere ich mich besonders. Sie lebte in der Nähe der Radiosender. Sie war schwanger und machte am Morgen Frühstück auf dem Feuer und eine Granate tötete sie. Und ließ ihren Bauch platzen. Das Baby streckte eine kleine Hand aus, es wurde über der Glut geboren und starb sofort, neben der Leiche seiner Mutter.«

Am nächsten Tag ging Iriarte in die Leichenhalle und zählte 26 Leichen.

»Mit Ausnahme von García Maisman, einem Kommunistenführer, der mit einem Gewehr auf die Straße gegangen war, um gegen die Soldaten zu kämpfen, waren alle anderen Toten Arbeiter, Angestellte, Frauen, die zur Toilette gegangen waren oder das Frühstück zubereitet hatten, und Kinder, Kinder waren unter ihnen. Ich erinnere mich genau daran, dass es 26 Tote gab, wie die 26 amerikanischen Berater, die die Comibol leiteten. Die haben alles zusammen mit der Armee organisiert. Aber es gab sicher noch mehr Tote, viel mehr. Wer weiß, wie viele es waren, denn viele Menschen flohen über die Berge und verschwanden, wurden von der Armee gefangen genommen und sind nie wieder aufgetaucht.«

Das Militär zerstörte den Radiosender *La Voz del Minero*. Die Priester, die Einzigen, die noch senden konnten, berichteten von dem Massaker, prangerten die Brutalität des Militärs an und zeigten mit dem Finger auf Barrientos. Das Militär bedrohte daraufhin auch die Priester.

»Entweder müsste ich Llallagua verlassen, oder sie würden den Radiosender schließen«, erzählt Iriarte. »Ich musste gehen.«

Che glaubte, dass das Massaker in San Juan die Bergleute dazu bewegen würde, seine Guerilla massenhaft zu unterstützen. Er irrte sich. Während der gesamten Kampagne hatten sich ihm nur einige Dutzend Guerillakämpfer angeschlossen. Die bolivianischen Kommunisten waren aufgebracht, weil Che in das Land gereist war, ohne ihnen seine wahren Absichten mitgeteilt zu haben, und er die Revolution vorbereitete, ohne sie mit einzubinden – wie er es im Kongo getan hatte –, und so distanzierten sie sich von der Guerilla, die sich selbst überlassen blieb.

Klaus Barbie und die US-amerikanischen Green Berets organisierten eine Spezialtruppe von 400 Soldaten, die die Guerilleros durch die Berge jagte und Che schließlich festnahm. In einem Dorf namens La Higuera nahmen sie ihn gefangen. In derselben Nacht kamen per Hubschrauber ein bolivianischer Oberst und ein kubanischer CIA-Agent an, der Fotos machte und mit Che dessen letzte Stunden verbrachte. Der CIA-Agent wollte ihn zum Verhör nach Panama bringen, doch am nächsten Morgen erhielten die bolivianischen Befehlshaber den direkten Auftrag von Präsident Barrientos, Che zu töten. Sie übergaben ihn Mario Terán, der am Vortag beim Tod dreier Kameraden Ches in der letzten Schlacht gegen die Guerilla dabei gewesen war. Terán feuerte mehrere Salven mit seiner Maschinenpistole auf Che, um es so aussehen zu lassen, als sei er im Kampf gefallen.

»Das Allerschlimmste ist immer der Staub.«

Der Minenvorplatz ist mit Schotter bedeckt, diesen kleinen Steinen, die von den Waggons fallen und die die Bergleute achtlos liegen lassen. Die Windböen wirbeln Staub auf, der in die Augen weht und einen zwingt, den Kopf zu senken.

»Wenn wir nicht vor lauter Traurigkeit weinen, dann vor lauter Staub«, sagt Doña Rosa und deutet ein halbes Lächeln an.

Alicia und Doña Rosa gehen mit zwei Besen über den Platz, drücken die Borsten fest auf den Boden und kehren die Steine zu kleinen Haufen. Doña Rosa schiebt den Besen mit langen, langsamen Bewegungen, mit einer alten Resignation, als wäre es ihr auferlegt, zur Strafe die ganze Welt zu fegen; Alicia schiebt den Besen mit kurzen, schnellen Bewegungen, zuversichtlich, dass diese Aufgabe ein Ende haben wird. Sie fegen und bilden Häuflein; packen dann jeden Haufen in eine Plane, das Bündel wirft sich Doña Rosa über die Schulter und bringt es hinter ihr Ziegelhaus, wo es windgeschützter ist. Dort kippt sie den Schotter wieder aus, bis kleine Pyramiden von einem Meter Höhe entstehen. Das ist ihr Stück Cerro Rico. Darin wird sie ihren Lohn finden, wenn sie die Steine mit dem Hammer zerkleinert.

Alicia hilft ihr dabei. Sie hämmert auf die Steine, fegt den unbrauchbaren Kies mit der bloßen Hand weg, und legt ab und zu ein Stück mit Erz beiseite.

»Ach, ich will nicht, dass sich das Kind so kaputtmacht wie ich.«

Eine Böe fegt für einige Sekunden über Doña Rosa, und sie zieht die breite Krempe ihres Hutes fester, um ihr Gesicht zu schützen. Das Kinn hat sie im Kragen ihrer blauen Wolljacke versteckt und nur ein Paar rote, raue Wangen sind zu sehen, rissig von Wind, Staub und Sonne. Sie presst die Lippen aufeinander, die im rechten Mundwinkel merkwürdig verformt sind. Und als der Wind nachlässt, hebt sie den Kopf wieder und blinzelt schnell, weil die Augen so jucken. Dann zeigt sie mir, was sie mir eigentlich zeigen wollte: ihre Hände. Die Finger geschwollen, verformt, schwarz.

So arbeitet sie sich an dem Gestein ab.

»Ich sammele einen Laster voll Erz zusammen und kann es dann verkaufen.«

Einen Lastwagen füllt sie in drei oder vier Monaten. Der fasst sechs Tonnen, je nach Erzgehalt sind das etwa 150 Euro. Von diesen 150 Euro zieht die Genossenschaft 20 Euro für die Landnutzung ab, 20 für den Transport des Lastwagens und 20 für die Krankenkasse. Bleiben ihr netto 90 Euro, alle drei oder vier Monate.

»Aber ich habe überhaupt keine Krankenversicherung.«

Die Leute von der Genossenschaft würden ihr die Beiträge von ihrem Geld abziehen, erklärt sie, aber sie zahlten nicht für Leistungen.

»Es gibt, glaube ich, Probleme mit den Papieren. Meinen Nachnamen haben sie vermutlich falsch geschrieben. Ich tauche gar nicht in der Liste auf. Sie ziehen mir die Beiträge ab, aber versichert bin ich nicht.«

Als ihr Mann an Silikose starb, zogen ihre beiden Ältesten weg, um sich ein eigenes Leben aufzubauen, und Doña Rosa blieb mit der kleinen Alicia und der kleinen Evelyn allein. Sie möchte ihre Mutter, Doña Juana, die Großmutter Alicias, herholen, damit sie mit ihnen auf dem Cerro Rico lebt. Aber Juana will nicht. Sie lebt in Coroma, dem Dorf, aus dem die ganze Familie stammt: ein sehr hoch gelegenes, sehr kaltes Fleckchen Erde, wo nur grobes

Stroh wächst und es für ein paar Kartoffelernten reicht, wenn sie ihnen nicht erfrieren. Sie überleben dort dank Lamas und Schafen. Aber manchmal schneit es kniehoch und die Lamas und Schafe sterben. Doña Rosa und ihr Mann Don Nicolás verließen das Dorf und kamen zu den Minen, um Arbeit zu suchen.

»Meine Mutter will nicht herkommen. Sie sagt, hier auf dem Cerro leiden wir zu sehr. Einmal im Jahr kommt sie jetzt, zu Allerheiligen, und wir bereiten die Altäre für die lieben Seelen vor. Früher ist sie nie gekommen, weil sie hat meinen Ehemann gehasst. Er war böse, der Nicolás. Hat mich geschlagen. Viel hat er getrunken, kam betrunken an und hat mich weggestoßen, getreten und mir ganze Büschel an Haaren rausgezogen. Meine Mutter hat ihn gehasst und deshalb ist sie nie hergekommen.«

Doña Rosa zeigt auf ihren rechten Mundwinkel, wo die Lippe verformt ist.

»Da hat mich der Nicolás geschlagen.«

Sie zieht den rechten Ärmel ihrer Jacke hoch, und eine weißliche, etwa fünf Zentimeter lange Narbe kommt zum Vorschein.

»Da hat er mich gebissen. Schlimm wütend war er. Im Bergwerk hat er 400 Pesos in der Woche verdient und gerade mal 150 hat er mir gegeben, fürs Essen, für Anziehsachen für die Kleinen und alle Ausgaben. Manchmal hat das Geld nicht gereicht. Und wenn ich ihm das gesagt habe, ist er böse geworden und hat mich geschlagen. Meinen Sohn hat er mir schlimm zugerichtet, bis aufs Blut. Deswegen ist der Álvaro jetzt auch so gewalttätig, vom Charakter her, glaube ich. Und er arbeitet auch in der Mine und trinken tut er auch. Wegen solcher Schläge habe ich zwei Kinder verloren. Geschlagen hat mich mein Mann, im sechsten Monat war ich, und als es geboren werden sollte, unser zweites Kind, getreten hat er mich da, geschlagen und das Baby kam tot heraus. Nach der Geburt von dem Álvaro und der Alicia wurde ich wieder schwanger. Der Nicolás hat das Geld behalten, und weil es nicht gereicht hat, habe ich mir Arbeit gesucht. Hart habe ich gearbeitet. In den Abwasserkanälen der Stadt habe ich die Schalung für die Baustellen gemacht. Mit dem Bauch war ich da, mit der Schwangerschaft und hab auf der Baustelle gearbeitet. Das Wawa ist tot geboren. Der Nicolás hat mir gesagt, dass ich es umgebracht habe, dass es meine Schuld war, wegen dem Arbeiten, dass ich das absichtlich gemacht habe, und geschlagen hat er mich. Die Alicia hat er nicht geschlagen, zum Glück, weil sie war noch ganz klein. Die Evelyn auch nicht; sie ist geboren, kurz bevor er gestorben ist. Aber meine Mutter hat er auch geschlagen, sie hat ihn gehasst und deswegen ist sie uns jahrelang nicht besuchen gekommen. Vor den Kindern hat er mich geschlagen. Ich glaube, deswegen hat der liebe Gott ihn zu sich genommen, vor mir. Wenn ich zuerst gestorben wäre, was hätte der bloß mit meinen lieben Kleinen gemacht, was wäre bloß mit meinen lieben Kleinen passiert, daran mag ich gar nicht denken.«

Alicia läuft den Berg hinauf. Sie trägt einen Sportbeutel mit der Wäsche ihrer Tante Doña Lorena, die Doña Rosa gewaschen hat. Doña Lorena lebt drei- oder vierhundert Meter entfernt, auf einem anderen Minenvorplatz, auf dem ein halbes Dutzend Häuser eng aneinanderstehen. So sind sie besser geschützt, eine Wächterin neben der anderen, mit ihren Familien.

»Wenn böse Menschen kommen, sind sie so besser dran. Die Bergarbeiter haben uns viel im Blick, schauen, ob wir alleine sind, dann können sie uns festbinden und das Geld klauen, oder irgendwas mit uns tun, denn hier gibt es keine Polizei und gar nichts.«

Wenn Alicia allein über den Cerro läuft, hat sie immer einen Stein in ihrer Tasche dabei.

»Die Bergarbeiter trinken zu viel. Ich schaue mich immer um, und wenn ich Betrunkene sehe, mache ich einen Bogen um sie. Den Stein muss ich bei mir haben, denn manche sind richtig frech und ärgern einen.«

Ich frage sie nach ihren zwei Freundinnen, die vergewaltigt und schwanger wurden. Eine Weile lang antwortet sie mir nicht. Dann zeigt sie auf einen Abhang, neben den paar Häusern, wo ihre Tante Doña Lorena wohnt.

»Dort unten hat ein anderes Mädchen ihre zwei Wawas beerdigt. Eine Freundin von mir.«

»Was ist denn passiert?«

»Zweimal haben Bergarbeiter sie vergewaltigt. Das erste Mal hat sie abgetrieben. Beim zweiten Mal ist das Wawa geboren, aber sie hat es ertränkt. Meine Mama und meine Tante haben ihr geholfen, die zwei Wawitas dort unten zu begraben.«

»Wie alt ist sie?«

»Jetzt ist sie schon sechzehn. Wenn ich kann, gehe ich immer mit meiner Mutter oder meiner Schwester. Hier ist man besser nicht allein unterwegs.«

»Alle meine Freunde wurden getötet«, sagt Gregorio Iriarte. Mauricio Lefebvre, Luis Espinal, Marcelo Quiroga, Federico Escóbar. Alle getötet. Mich haben sie festgenommen und drei Mal des Landes verwiesen. Ich hatte Glück. Nach dem Putsch durch Banzer kamen schreckliche, wirklich schreckliche Jahre, aber ich wusste inzwischen, wie ich mich im Untergrund zu bewegen hatte.«

Nachdem das Militär Iriarte gezwungen hatte, Llallagua zu verlassen, hat er sich in La Paz niedergelassen. Sieben Jahre lang gab es Putsche, Gegenputsche, Guerillas, Massaker, bis 1971 der langanhaltendste Staatsstreich durch Oberst – alsbald – General

Hugo Banzer stattfand. Banzer war ein erfolgreicher Student der School of the Americas, des US-Zentrums in Panama, das während des Kalten Krieges Zehntausende von lateinamerikanischen Militärmitgliedern für die »antikommunistische Aufstandsbekämpfung« ausbildete. In den Handbüchern der Schule, die erst Jahre später veröffentlicht wurden, sind Foltermethoden, Ermordungen, Entführungen, Erpressungen und Verhaftungen von Verdächtigen und Angehörigen von Verdächtigen beschrieben. Aus dieser Schule ging eine Reihe von Diktatoren hervor, die in den 1970er und 1980er Jahren die Operation Condor ins Leben riefen: eine Allianz südamerikanischer Diktaturen, die von der CIA koordiniert wurde, um Tausende von Oppositionellen zu verhaften, zu foltern, zu ermorden und verschwinden zu lassen. Banzer erfüllte seine Aufgaben: Er verbot die Parteien, löste die Gewerkschaften auf, schloss die Universitäten für eineinhalb Jahre, inhaftierte und folterte Hunderte von Oppositionellen und ließ 150 von ihnen verschwinden.

Iriarte führte ein Doppelleben. Öffentlich wirkte er an den Sozialprogrammen der Kirche mit: Er gründete Wohnungsbaugenossenschaften für Arbeiter, richtete Rundfunkschulen ein und bemühte sich um Hilfe für Menschen, die im Elend lebten. Und im Geheimen gründete er mit Pater Tumiri die Ständige Menschenrechtsversammlung und organisierte den Widerstand gegen die Diktatur. Sie veröffentlichten Berichte über Morde und das Verschwinden von Menschen, hielten Pressekonferenzen in europäischen und amerikanischen Hauptstädten ab und starteten eine Kampagne, um eine Amnestie für Tausende von Menschen zu fordern, die vom Regime inhaftiert oder deportiert worden waren, und um Wahlen zu fordern. Banzer geriet allmählich unter Druck.

»Ich glaube, sie haben mich nicht umgebracht, weil ich

immer sehr vorsichtig war und weil ich Glück hatte. Ich wusste, dass mein Telefon abgehört wurde, ich war sehr vorsichtig beim Öffnen von Paketen, die mit der Post ankamen, ich schlief in verschiedenen Häusern und ging immer an Straßen entlang, auf denen Autos in die entgegengesetzte Richtung fuhren, um schon von weitem zu sehen, wer sich näherte, falls ich weglaufen musste. Und in meinem Haus hatte ich alles vorbereitet, um schnell zu fliehen: Ich wusste, wer mein Nachbar war, ob ich über einen Zaun springen konnte, ob es auf der anderen Seite einen Hund gab, der mich verraten konnte, ich wusste, wo ich ungesehen wegkommen konnte, wo ich hingehen musste, um Hilfe bei der Flucht zu bekommen. Ich verließ den Raum immer so, dass es aussah, als ob ich nicht da gewesen wäre.«

Im Dezember 1977 erhielt Iriarte einen Anruf. Vier Frauen waren im Begriff, einen Hungerstreik gegen die Diktatur zu beginnen, und baten ihn um Vermittlung, weil sie im Sitz des Erzbischofs von La Paz ihr Lager aufschlagen wollten. Sie meinten, dass das Militär es nicht wagen würde, dort einzudringen. Sie waren die Ehefrauen von vier Bergwerksleitern aus Llallagua, und man kannte sie, weil sie die Nachnamen ihrer Ehemänner trugen: Aurora de Lora, Nelly de Paniagua, Angélica de Flores und Luzmila de Pimentel. Ihre Männer waren im Exil und die Frauen überlebten dank des Geldes, das ihnen ihre Kameradinnen im Minenlager gaben.

Sie beschlossen, zusammen mit ihren vierzehn Kindern in den Hungerstreik zu treten. Als ein Journalist sie fragte, ob das Fasten nicht gefährlich sei, antwortete eine von ihnen: »In der Mine ist immer Hungerstreik. Kaum geboren und schon beginnt der Hungerstreik.«

Iriarte organisierte die geheime Reise der vier Frauen und der vierzehn Kinder von den Minen bis zum Sitz des Erzbistums im

Zentrum von La Paz, nur einen Steinwurf vom Regierungspalast entfernt, wo Banzer seinen Amtssitz hatte. Im Büro des Erzbischofs richteten sie einen Raum für sie ein und schickten einen Arzt, der sich um die Kinder kümmerte. Die Frauen riefen daraufhin die Presse an, kündigten den Hungerstreik an und verlasen ihre Forderungen: Generalamnestie, Wiedereinstellung der entlassenen Bergarbeiter, Anerkennung der Gewerkschaften und Rückzug der Armee aus den Bergbaulagern. Erzbischof Manrique von La Paz erklärte, er heiße die Frauen in seinem Bischofssitz willkommen und werde eine Räumung nicht zulassen.

»Der Erzbischof hatte ein bisschen Angst«, erzählt Iriarte und lacht. »›Aber Gregorio, diese Frauen kommen doch nicht mit Dynamit, oder?‹ Ich sagte ihm, nein, es würde sich um einen friedlichen Protest handeln. Unsere Idee war es, Gruppen an Hungerstreikenden über das ganze Land zu verteilen, um Druck auf Banzer auszuüben.«

Drei Tage später schlug eine weitere Gruppe von elf Hungerstreikenden ihr Lager in der Zentrale von *Presencia*, der von der katholischen Kirche herausgegebenen Tageszeitung, auf. Unter ihnen waren Domitila Barrios, die katalanischen Jesuiten und Menschenrechtsaktivisten Luis Espinal und Xavier Albó sowie mehrere Vertreter der Universität, des Theaters und von Frauenverbänden. In den darauffolgenden Wochen bildeten sich weitere Gruppen in Kirchen, Schulen, Universitäten, Zeitungen und Minen in ganz Bolivien. Innerhalb von zwanzig Tagen traten mehr als 1200 Menschen in den Hungerstreik. In vielen Städten fanden Schweigekundgebungen statt.

In den frühen Morgenstunden des 17. Januar 1978 führte die Polizei eine Razzia in der Zentrale der Zeitung *Presencia* durch. Iriarte wurde informiert und kam rechtzeitig, um zu sehen, wie fünfzig bewaffnete Polizisten die Streikenden, die nach achtzehn Tagen des Hungerns erschöpft waren, hinausschleppten. Es gab Streit und Kämpfe. Schließlich beschlossen die Streikenden, ohne Widerstand zu gehen, baten aber um einen Moment Zeit, damit Huáscar Cajías, der Herausgeber der Zeitung, die Seligpreisungen lese: »Selig sind die, die um der Gerechtigkeit willen leiden …«

Die Polizisten, so Iriarte, senkten ihre Augen.

Es kam zu weiteren bewaffneten Übergriffen auf Streikende an der Universität und in mehreren Kirchen. Erzbischof Manrique drohte damit, die Stadt La Paz unter kanonisches Interdikt zu stellen, eine kirchliche Maßnahme, die es verbietet, Messen zu feiern, Sakramente zu spenden und christliche Bestattungen vorzunehmen, falls Banzer die Übergriffe nicht einstellte und die Forderungen der Streikenden nicht akzeptierte.

Am nächsten Tag tauchte eine junge Frau bei Iriarte auf und bat um Hilfe, weil ihr Vater im Gefängnis sei.

»Sie war eigentlich eine Agentin, die nur nachschauen wollte, ob ich zu Hause war. Auf der Straße, einen halben Block entfernt, stand ein Jeep des Innenministeriums. Sie ging zum Wagen der Polizei und informierte sie, damit sie mich festnehmen. Das habe ich mitbekommen. Ich beschloss, auf die Straße zu gehen, denn Marcelo Quiroga Santa Cruz, der Gründer der Sozialistischen Partei, versteckte sich in meinem Haus, und ich wollte nicht, dass sie ihn finden. Ich ging also hinaus, und sie nahmen mich sofort fest.«

Sie brachten ihn in ein Büro des Innenministeriums. Der Hauptmann öffnete einen kleinen hohen Schrank, ließ die alten Papiere und Akten, die sich darin befanden, herausnehmen und schob Iriarte hinein. Er hatte gerade genug Platz, um zu stehen. Er konnte weder sitzen noch hocken.

»Mir ging es da sehr schlecht. Ich dachte, ich würde ersticken, es war sehr beängstigend. Noch heute erinnere ich mich an den Staubgeruch in diesem Schrank. Um halb zwei Uhr nachmittags musste ich hinein und sie behielten mich bis neun Uhr abends dort.«

Einer der bewachenden Offiziere befürchtete, dass Iriarte ersticken würde, und steckte, ohne dass der Hauptmann ihn sah, ein gefaltetes Stück Pappe in die Tür, um etwas Luft hineinzulassen. Um neun Uhr, als die Befehlshaber gegangen waren, öffneten die drei diensthabenden Polizisten den Schrank und brachten ihm den Sessel des Hauptmanns, damit er sich setzen konnte.

»Es tut uns leid, Padre, dieser Hauptmann ist sehr schlimm.«

Iriarte erinnert sich, dass sie ein freundliches Gespräch hatten.

»In Bolivien ist so etwas möglich. Bei all den Schweinereien, die es gibt, spielt trotzdem immer wieder eine menschliche Wärme hinein. Ich sagte ihnen: ›Ihr müsst viel Geld verdienen, wenn ihr so einen üblen Job macht.‹ ›Nein, aber es gibt keinen anderen Job, wir können nichts anderes machen.‹ ›Wenn ich hier rauskomme, werde ich euch einen Job besorgen.‹ Die drei gaben mir ihre Namen und Telefonnummern: ›Ja, Padre, besorgen Sie uns einen Job …‹ Einer von ihnen ging hinaus, um mir eine Decke für die Nacht zu holen. Er kam in Begleitung eines anderen Polizisten zurück: Er wollte mir auch seine Telefonnummer geben, damit ich ihm einen Job besorge.«

Um zwei oder drei Uhr morgens wurde Iriarte aufgefordert, in das Büro von Minister Gallo zu gehen. Der Minister begrüßte den Priester, entschuldigte sich für die Unannehmlichkeiten, ließ ihn vor dem Tisch Platz nehmen und sagte mit gedämpfter Stimme: »Schau, Padre, General Banzer ist zurückgetreten.«

Und er sagte zu Iriarte, er sei frei und könne gehen.

»Ich ging auf die Straße und fand noch mehr Menschen, die aus den Polizeistationen und aus den Kerkern kamen. Wir feierten ein großes Fest, wir haben uns umarmt und geweint. Es war der Triumph der Bergarbeiterinnen.«

»Die Demokratie verdankt uns Bergarbeiterinnen viel. Wir waren immer im Kampf dabei, bei den Streiks, wir sind nicht umgefallen. Aber für die Gesellschaft sind wir unsichtbar. Ja, wir sind sogar für die Bergarbeiter selbst unsichtbar. Unsere eigenen Kollegen nehmen uns nicht wahr.«

Dora Camacho ist 48 Jahre alt, eine zierliche Frau mit sehr schwarzem Haar, das sie in einem Zopf zusammengebunden hat. Sie trinkt gerade eine Tasse Tee in einem Café im Zentrum von Oruro. In Cataricagua wurde sie geboren, in einer Häusersiedlung, als Tochter eines Bergarbeiters, der erkrankte und starb, als sie zehn Jahre alt war. Sie heiratete früh einen Bergarbeiter, der auf die Straße gesetzt wurde, als die Comibol 1986 aufgelöst wurde, und für einige Jahre nach Peru auswanderte und heute in der privaten Firma Inti Raymi arbeitet und in den Lagerstätten in der Nähe von Oruro nach Gold schürft. Camacho berichtet, dass die private Firma bessere Technologie habe und mehr Wert auf die Sicherheit ihrer Arbeiter lege, viel mehr als dieses Desaster von Genossenschaften. Sie leitet das Nationale Komitee der Bergarbeiterhausfrauen, das sich nach jenem siegreichen Hungerstreik von 1961 gründete, jenes, das Domitila Barrios anführte und schließlich 1978 Banzer entmachtete. Sie trinkt ihren Tee in kleinen Schlucken, spricht sanft, aber bestimmt und blickt müde, gelassen und klar.

»In unserer Vereinigung sind wir keine Bergarbeiterinnen, wir sind die Hausfrauen der Bergarbeiterfamilien. Die Armut ist groß und die Einsamkeit auch, viele Frauen sind verwitwet oder alleinerziehend, weil der Mann gestorben ist und sie verlassen hat. Sie bleiben ohne etwas zurück, müssen Essen verkaufen, in Haushalten putzen, und die Kinder lassen sie allein. Wenn sie krank werden, wie sollen sie dann Geld verdienen? Wir kämpfen um unsere Rechte, denn wir sind auch Arbeiterinnen, und um die Rechte unserer Kolleginnen. Aber manche Männer respektieren uns immer noch nicht. Es gibt viel Machismo. Die Gewalt ist ein ernsthaftes Problem. In den Minen herrscht eine schreckliche Gewalt.«

Die Bergarbeitergesellschaft lädt die Hausfrauen zu den nationalen Kongressen ein: Sprechen dürfen sie, aber nicht wählen. Camacho sagt, immerhin etwas, in manchen Minen lasse man das Komitee der Bergarbeiterhausfrauen nicht einmal zu.

Wenige Straßen von diesem Café in Oruro entfernt wurde eine Statue aufgestellt, eine Allegorie, eine Frau, die geht, einen Arm in die Luft hebt und zum Horizont schaut. Die Statue trägt folgende Inschrift: »Der Nationale Verband christlicher Frauenvereine Boliviens, als Hommage an die schönste Kreation des Allmächtigen Schöpfers: die Frau«. Datiert ist sie auf den 11. Oktober 1977, wenige Wochen bevor die vier Hausfrauen und Bergarbeiterinnen …

(vier schöne Kreationen des Allmächtigen Schöpfers)

… in den Hungerstreik traten, der Banzer schließlich vom Amt zurücktreten ließ.

Am Rande ebendieser Stadt steht die größte religiöse Skulptur der Welt: ein Bildnis der Jungfrau von Socavón, 45 Meter hoch, eingeweiht am 1. Februar 2013 mit dem Segen von Papst Benedikt XVI. und einer Rede von Präsident Evo Morales. Die Jungfrau von Socavón ist eine 1500 Tonnen schwere Metallkonstruktion, mit Beton und Stahlbeton und hat im Inneren acht Stockwerke mit Fenstern, durch die Besucher die Stadt von oben betrachten können. In ihren Armen hält sie ein zwei Tonnen schweres Jesuskind. Das Ganze kostete 1,3 Millionen Dollar. Es ist das Abbild der Mutter, vor dem die Bergleute um Schutz und Hilfe bitten.

»Berichte haben wir an das Ministerium geschickt«, sagt Camacho, »wir verlangen, dass sie uns empfangen und uns zuhören. Wir sagen ihnen, dass sie die Genossenschaften im Auge behalten sollen, weil sie die Bergleute ausbeuten. Sie heuern für die Minen oft Bauern saisonweise, wochenweise oder monatsweise an, ohne ihnen Sicherheit zu bieten. Sie kommen mit Sandalen in die Mine, das kann doch nicht sein. Einen Hungerlohn bekommen sie, ohne Vertrag, ohne Versicherung und mit einem enormen Risiko. Das ist die reine Ausbeutung des Menschen durch den Menschen. Und Minderjährige bringen sie auch in die Mine. So drücken sie die Löhne aller. Wir fordern vom Ministerium, seiner Aufsichtspflicht nachzukommen, wir schreiben Berichte, reichen Beschwerden ein und machen viel. Alles umsonst, uneigennützig.«

Auf der letzten Versammlung der Bergarbeitergesellschaft bat Camacho darum, dass jeder Bergarbeiter mit umgerechnet etwas mehr als einem Euro im Jahr das Komitee der Hausfrauen unterstützt.

»Wenigstens dieses bisschen könnten die Männer uns doch geben, oder? Wenn wir uns schon für ihre Rechte starkmachen. Aber selbst dafür müssen wir kämpfen.«

Gregorio Iriarte erhielt einen weiteren Anruf am 22. März 1980: Sein Freund Luis Espinal, Jesuit, Journalist und Filmkritiker, war verschwunden. Espinal hatte mit Iriarte zusammengearbeitet, um die Ständige Menschenrechtsversammlung zu gründen, um den Hungerstreik, der Banzer entmachtete, zu organisieren und um äußerst kritische Artikel gegen die Diktaturen zu verfassen.

Espinal war ins Kino gegangen und nicht zurückgekehrt.

Iriarte ging zu seinem Haus und fand in einem Zimmer ein aufgeschlagenes Heft mit dem letzten Text, den Espinal geschrieben hatte. Er trug den Titel »Wir wollen keine Märtyrer«.

»Wir wollen keine Märtyrer. Das Land braucht keine Märtyrer, sondern Konstrukteure. Der Märtyrer ist eine auffallende Gestalt, zu emotional und zu sehr auf sich selbst bezogen. Der Märtyrer ist der letzte Abenteurer, ein Individualist, ein Masochist; wenn er nicht triumphal siegen kann, versucht er, mit seiner Niederlage hervorzustechen. Es gefällt ihm, unverstanden und verfolgt zu sein. Er braucht den Peiniger, unbewusst erschafft er ihn. Ist der Märtyrer nicht ein Feigling? Ihm fehlt die Beständigkeit, um als Revolutionär zu leben; daher will er sterben, in der Erwartung, sich in eine Schaufensterpuppe zu verwandeln. Denn der Märtyrer hat etwas von einer Galionsfigur und einem Stierkämpfer. Das Volk hingegen hat keine Berufung zum Märtyrer. Wenn das Volk im Kampf fällt, so fällt es einfach, ohne Pose, es erwartet nicht, zur Statue zu werden. Wir brauchen Politiker, Techniker, Arbeiter der Revolution; aber keine Märtyrer. Man muss sein Leben nicht dem Tod weihen, sondern der Arbeit. Keine Slogans mehr, die dem Kult des Todes dienen. Jemand hat einmal gesagt: ›Die Last tragen die Ochsen, nicht die Adler.‹«

Am nächsten Tag fand man seinen Leichnam am Rande von La Paz. Er war im städtischen Schlachthof gefoltert, seine Brust mit einem Bügeleisen verbrannt worden und am Ende hatte man zwölf Mal auf ihn geschossen.

Und wieder waren es Klaus Barbies paramilitärische Kommandos.

Sie hatten Espinal ermordet. Sie ermordeten den Sozialisten Quiroga Santa Cruz, der im Haus von Iriarte Unterschlupf fand und im Parlament detailliert die Verbrechen und Betrügereien von General Banzer schilderte. Sie ermordeten Padre Mauricio Lefebvre, Menschenrechtsverteidiger. Sie legten Bomben gegen weitere Journalisten, Anwälte und linke Politiker. Und im Juli 1980 putschten sie schließlich, um das Militär wieder an die Macht zu bringen. Als Präsident General García Meza. Als Innenminister Oberst Arce Gómez, ebenfalls Absolvent der School of the Americas. Dieser verkündete bei einem Fernsehauftritt seine Botschaft an die Opposition: »Wenn Sie auf die Straße gehen, vergessen Sie nicht, Ihr Testament unter den Arm zu klemmen.«

Iriarte versteckte sich eine Zeit lang in einem Nonnenkloster und schrieb dort ein Buch, das anonym erschien: *Drogenhandel und Politik*. Minutiös schilderte er darin, wie Präsident García Meza und Minister Arce Gómez einen gigantischen Exporthandel von bolivianischer Koka nach Kolumbien betrieben, mit Anbaugebieten, Verarbeitungsanlagen im Dschungel und einer Flotte an Leichtflugzeugen. Das Geschäft hatte einen jährlichen Umsatz von bis zu drei Milliarden Dollar – ein Achtel der Wirtschaft des Landes: Bolivien war ein Drogenstaat im Dienst des Militärs. Iriarte veröffentlichte auch eine berühmte »Liste bolivianischer Paramilitärs und ausländischer Söldner«, mit Hunderten Namen, Daten, Verbindungen, Fotos: Hunderte Männer der Schwarzen Internationalen, einer rechtsextremen Vereinigung, die in jenen Jahren in Europa und Amerika Anschläge verübte und die Barbie in Bolivien um sich gruppiert hatte, um die Militärdiktatur und ihren Kokainhandel zu unterstützen.

Die Ermordungen, Plünderungen von Städten und Gemeinden, der Drogenhandel und die Nazipartys gingen so weit, dass Oberste und Generäle anfingen, innerhalb der Armee einen Umschwung herbeizuführen. Es gab Korruptionsvorwürfe, mehrere Aufstände, Machtwechsel, Militärjuntas, die versuchten, dem Ganzen einen würdigen Anstrich zu verleihen, aber nicht wussten, wie sie ein Land regieren sollten, das in ihren Händen zerfiel. Schließlich riefen sie im Oktober 1982 Wahlen aus.

Die neue demokratische Regierung Boliviens lieferte Klaus Barbie nach Frankreich aus, wo er wegen Verbrechen gegen die Menschheit zu lebenslanger Haft verurteilt wurde. 1991 starb er im Gefängnis. García Meza und Arce Gómez wurden 1993 wegen einer Vielzahl von Straftaten zu dreißig Jahren Haft verurteilt, die sie weiterhin verbüßen.

Iriarte arbeitete und schrieb dreißig Jahre weiter. Im Jahr 2012 starb er 87-jährig in Cochabamba, so wie er es nie erwartet hätte: an Altersschwäche.

Die Überzähligen

In den frühen Morgenstunden ziehen Gruppen von Frauen die Hänge entlang und setzen sich hier und da hin wie Schwärme von dunklen Vögeln. Sie zerschlagen Steine mit ihren Schlägeln, und das Hämmern hallt über den Cerro Rico. Tag für Tag tun sie das Gleiche: als hätten sie sich vorgenommen, den ganzen Berg bis auf die letzten Körner aufzupicken.

Alicia trägt eine Tüte mit Sandwiches und eine Thermoskanne mit Tee bis zu einem Minenvorplatz auf 4500 Metern Höhe, wo ihre Tante Doña Lorena mit zwei anderen Frauen sitzt und Steine spaltet. Doña Lorena stellt mir ihre Begleiterinnen vor: Doña Rosario und Doña Luisa vom Verein der Wächterinnen. Sie geben mir die Hand: harte Haut.

»Mit diesen Damen, wissen Sie, sind wir zur Regierung gegangen, um zu protestieren.«

»Hatten Sie Dynamit dabei?«

»Nein! Beim nächsten Mal!«

Doña Lorena, als Vorsitzende des Vereins der Wächterinnen und *palliris* des La-Plata-Sektors, traf Regierungsbeamte von Potosí und den Ombudsmann. Sie sprach mit ihnen über die miserablen Arbeitsbedingungen und erklärte ihnen, dass sie nicht einmal den Mindestlohn – 815 bolivianische Pesos im

Monat (etwa 105 Euro) – erhielten. Die Genossenschaften zahlen ihnen 400 oder 500 Pesos für ihre Tätigkeit als Wächterinnen, erlauben ihnen, aussortiertes Erz aufzusammeln, und stellen ihnen Lehmhütten zur Verfügung.

»Aber es reicht nicht, das Geld reicht nicht zum Essen und Bekleidung der Familie. Ich habe sieben Kinder.«

Doña Lorena streckt den Arm aus und zeigt auf die Hänge.

»Und Sie sehen ja, wo wir wohnen. Der Berg ist stark kontaminiert. Nachts, wenn Manquiri in Betrieb ist, weht der Wind uns einen tiefschwarzen Staub an, bis zu den Häusern, und die Augen tränen einem. Unsere Kinder werden ständig krank, der Kopf tut ihnen weh, der Bauch, und immer haben sie Durchfall.«

Manquiri ist eine Fabrik, die seit Jahrzehnten den angehäuften Abraum auf dem Cerro Rico verarbeitet: das Gleiche, was die Frauen tun, aber anstatt mit Hämmern mit industriellen Maschinen. Aus dem Silber, das sie extrahieren, stellen sie Barren her und verdienen laut Bergbauministerium rund 200 Millionen Dollar im Jahr.

Manquiri ist ein Unternehmen des US-amerikanischen Konzerns Coeur Mining und bedient sich eines klassischen Tricks: Der bolivianische Staat vergibt Lagerstätten an Bergbaugenossenschaften, lässt sie »wegen ihrer sozialen Ausrichtung« sehr geringe Steuern zahlen, und unbemerkt unterverpachten einige Genossenschaften diese Konzessionen an multinationale Konzerne. Sieben Genossenschaften in Potosí übergaben ihre Lagerstätten des Cerro Rico an Manquiri. Den gleichen Schachzug machten in ganz Bolivien 31 Genossenschaften mit anderen Konzernen. Im September 2016 annullierte dann die Regierung diese Verträge mit dem Argument, dass Privatfirmen und eine Führungsriege der Genossenschaften sich dank der zugebilligten genossenschaftlichen Vorteile bereichern würden, ohne die Auflagen zu erfüllen. In der Theorie sind Genossenschaften Arbeitervereinigungen, die Investitionen und Verantwortlichkeiten gemeinsam tragen, die Gewinne gleichberechtigt aufteilen, die mit ihrer Stimme und ihrem Wahlrecht am Management teilhaben, die solidarisch und loyal zu der Gemeinschaft sind, in der sie arbeiten. Sie sollten nicht Deckmantel für multinationale Firmen sein.

Unter vielen anderen Prinzipien, die nicht erfüllt sind, bauen vier von fünf Genossenschaften Erz ab, ohne die Umweltschutzgesetze einzuhalten, so der Wissenschaftler Emilio Madrid.

»Ich sehe, wie meine Enkel mit der Erde spielen, ihre ganze Haut ist fleckig«, sagt Doña Lorena. »Haben Sie gesehen, wie alle Warzen haben? Und der Rotz kommt bei ihnen schwarz raus.«

Die Frauen protestierten zwar, sagt sie, aber die Genossenschaftler hörten überhaupt nicht auf sie. Stattdessen missachten sie sie, belächeln sie, wenn sie einen Verein gründen. Und sie werden wütend, wenn sie mitbekommen, dass die Frauen zu Care hinuntergehen, denn dort lernen sie, Ponchos, Taschen, hübsche Decken zu nähen, die sie dann auf dem Markt verkaufen und so ein bisschen Geld verdienen.

»Wenn sie davon erfahren, machen sie uns Ärger. Die Genossenschaften wollen uns immer bei sich haben, damit wir für sie gegen wenig Geld arbeiten.«

Die Genossenschaften – viele der Bergbaugenossenschaften sind keine Genossenschaften: Sie sind Deckmantel für Steuerhinterziehung und Ausbeutung der Arbeiter.

Sie nennen sich Genossenschaften, aber je nach Rechtsstand sind 25 Prozent, 50 Prozent oder 80 Prozent ihrer Arbeiter weder Mitglieder noch haben sie Teilhaberechte oder den ihnen eigentlich zustehenden Nutzen: Sie sind Zeitarbeiter, Wächterinnen, *palliris*, Jungen, Mädchen, Tagelöhner ohne Vertrag, die im Durchschnitt 200 Euro im Monat verdienen und laut Entwicklungsprogramm der Vereinten Nationen »keine Sicherheitsgerätschaften erhalten, weder gesetzlich krankenversichert noch in der Rentenversicherung registriert sind. Ihre Löhne sind geringer als in anderen Industriezweigen.«

Gleichzeitig hat sich eine Führungskaste in den Genossenschaften gebildet, die in Wirklichkeit versteckte Unternehmer sind: Sie arbeiten nicht in den Minen, beuten mit einer großen Gewinnspanne die Tagelöhner aus und gewinnen so bis zu 100 000 bolivianische Pesos im Monat – etwa 13 000 Euro, so Kirsten Francescone und Vladimir Díaz vom Zentrum für Dokumentation und Information in Bolivien (CEDIB). Diese Führungskräfte profitieren von den Vorteilen der Genossenschaften – der Staat übergibt ihnen die Lagerstätten, transferiert Material und Maschinen, bezahlt ihnen Subventionen, erlässt Schulden und erhebt sehr niedrige Steuern – und dann agieren sie als Privatunternehmer, die mit transnationalen Unternehmen Verträge zur Unterverpachtung ebendieser Lagerstätten schließen. Diese Capos sind diejenigen, die Hummer-Geländewagen kaufen, Luxushäuser in den exklusivsten Gegenden der bolivianischen Städte bauen lassen und die in den Listen der Millionäre des Landes auftauchen. Sie konzentrieren die Macht um sich, weil sie den Genossenschaftsverbänden vorstehen, Zehntausende von Arbeitnehmern vertreten – Zehntausende von Wahlberechtigten –, politischen Parteien beitreten, und wenn es zeitlich günstig ist, hohe Ämter innerhalb der Landesregierung oder in den Regionen besetzen und so schließlich das Bergbauministerium anführen. Wenn die Regierung irgendein Gesetz, das ihnen nicht passt, vorschlägt – sie zum Beispiel zwingt zu akzeptieren, dass ihre Arbeiter sich Gewerkschaften anschließen –, haben sie die Macht, es zu kippen. Sie errichten Straßensperren, legen Städte lahm und kommen meist ungestraft davon.

Die Anzahl der Bergbaugenossenschaften stieg seit 1985, als die neue bolivianische Regierung auf einen Schlag die Wirtschaft privatisierte und liberalisierte.

Die Genossenschaften waren die Müllhalde, auf die Tausende von übrig gebliebenen Arbeitnehmern weggeworfen wurden.

Am 29. August 1985 trat der neue Präsident im Fernsehen auf und sagte: »Bolivien stirbt.«

Zuvor war etwas Ungewöhnliches geschehen: Eine demokratische Regierung übergab die Macht an eine demokratische Regierung anderen Vorzeichens, auf friedliche Art und Weise, das erste Mal in der 160-jährigen Geschichte Boliviens. Die Militärdiktaturen hatten 1982 ihre letzten Hiebe ausgeteilt, dann gewann Siles Zuazo die freien Wahlen, amtierte drei Jahre als Präsident, und gab nach seiner Wahlniederlage 1985 die Präsidentschaft ab: Der neue Präsident war Paz Estenssoro, derselbe Mann, der 1952 die Revolution angeführt hatte. Und nun brachte er diese Botschaft: »Verehrte Bürger, unser Vaterland stirbt. Entweder haben wir die moralische Stärke, um radikal ein neues politisches System zu etablieren, mit einer Reihe von Opfern, oder Bolivien stirbt uns schlichtweg.«

Daraufhin verkündete er einen »Notfallplan«: das Dekret 21 060, ein überraschendes Dekret, ein monumentales Dekret, das das Land auf einen Schlag veränderte. Es enthielt 220 Gesetze zur Privatisierung öffentlicher Unternehmen und zur Liberalisierung der Wirtschaft. Weder die Wähler noch die Abgeordneten, ja nicht einmal die Minister von Estenssoro, mit Ausnahme zweier, wussten von der Ausarbeitung eines solchen Dekrets – das ihrem eigenen Wahlprogramm zuwiderlief. Verfasst wurde es von einem Ausschuss aus Wirtschaftswissenschaftlern unter der Leitung von US-Beratern in siebzehntägigen Geheimsitzungen in der Villa des *Goni*.

Das heißt: in der Villa von Gonzalo Sánchez de Lozada, Senator, Eigentümer des größten privaten Bergbauunternehmens in Bolivien, reichster Mann des Landes. Und neuer Wirtschaftsminister. In den darauffolgenden Jahren stieg Sánchez de Lozada zum Präsidenten auf und unterzeichnete die großen Privatisierungen der 1990er Jahre: Öl, Gas und Bergbau und Elektrizität gingen vom Staat in die Hände multinationaler Unternehmen, zu lächerlichen Preisen, mit Umgehungen und Betrügereien, alles verpackt in einem Spektakel aus Täuschungen, Schwindel, Korruption und falschen Schuldzuweisungen. Sánchez de Lozada selbst kaufte eine staatliche Gießerei für sechs Millionen Dollar in einer taktisch klugen Operation, und drei Jahre später verkaufte er sie für 90 Millionen Dollar an einen multinationalen US-Bergbaukonzern. Als im Jahr 2003 Proteste ausbrachen, schickte Sánchez de Lozada die Armee, um sie mit Schüssen niederzuschlagen: 67 Zivilisten wurden getötet und 400 verwundet. Mehrere seiner Minister traten zurück, ein Mob belagerte den Präsidentenpalast, Sánchez de Lozada floh mit einem Hubschrauber aus dem Präsidentenpalast in die Vereinigten Staaten und ist dort weiterhin auf der Flucht vor der bolivianischen Justiz, die ihn einer Vielzahl an Straftaten beschuldigt.

Im Haus von Sánchez de Lozada war bei diesen geheimen und überstürzten Treffen im Jahr 1985 auch der ehemalige Diktator Banzer anwesend. Er hatte bei den Wahlen kandidiert und mit einigen Stimmen Vorsprung gewonnen, aber Paz Estenssoros Bündnis mit mehreren linken Parteien entzog ihm die Präsidentschaft. Nichtsdestotrotz besaß Banzer immer noch großes

Gewicht: Sein Wirtschaftsberater, der US-Amerikaner Jeffrey Sachs, entwarf den Erlass 21 060, und Paz Estenssoro akzeptierte diese Vorschläge seines politischen Rivalen, weil es die einzige Möglichkeit für das ruinierte Bolivien war, Darlehen des Internationalen Währungsfonds (IWF) zu erhalten.

Die neue bolivianische Demokratie geriet in Bedrängnis: Sie war aufgefordert, die gigantischen Schulden zu begleichen, die die Militärdiktaturen hinterlassen hatten.

In den vorangegangenen Jahrzehnten hatten die Vereinigten Staaten und die internationalen Banken den Putschgenerälen umfangreiche Kredite gewährt – weil sie Verbündete im Kampf gegen den Kommunismus waren und weil sie Gesetze in Kraft setzten, die den multinationalen Erdöl- und Gasunternehmen Vorteile verschafften. Mit diesen Darlehen bauten die Diktatoren Autobahnen, Fabriken und Krankenhäuser, um die Bevölkerung von der Güte des Regimes zu überzeugen. Autobahnen, Fabriken und Krankenhäuser, deren Kosten ebenso absurd wie verdächtig waren und die oft nur halb fertiggestellt wurden, ohne Buchprüfungen, ohne Kontrollen, mit Millionen von Dollar, die in die Taschen von Präsidenten, Ministern, Geschäftsleuten und Militärs flossen. Während der sieben Jahre der Diktatur Banzers stiegen die Auslandsschulden Boliviens von 460 Millionen auf drei Milliarden Dollar. Damals forderte niemand irgendetwas zurück.

Anfang der 1980er Jahre erhöhte die US-Notenbank die Zinssätze von 8 Prozent auf über 20 Prozent, sodass die Schuldenlast der lateinamerikanischen Länder, die diesen Zinssätzen unterworfen waren, rasant stieg. Gleichzeitig verringerten sich die Einnahmen dieser Länder durch die Rohstoffkrisen, denn die Rohstoffpreise fielen und fielen. Zum Beispiel der Preis von Zinn. Die Vereinigten Staaten wiederholten das Spiel: Sie verkauften

30 000 Tonnen ihrer Reserven, und die Preise stürzten in sich zusammen. Bolivien verlor seine Einnahmen. Die Vereinigten Staaten forderten daraufhin die Rückzahlung der Schulden, und das demokratische Bolivien begann, sie schneller zurückzuzahlen als das diktatorische Bolivien.

Als Paz Estenssoro 1985 an die Macht kam, war das Land dementsprechend ruiniert. Um die Zinsen für die Auslandsschulden – nicht die Schulden, sondern nur den jährlichen Schuldenzins – zu begleichen, musste er mehr als den gesamten Staatshaushalt ausgeben. Am Vorabend der Wahlen von 1985 hatte der US-Botschafter Edwin Corr die Kandidaten gewarnt, dass neue Kredite gegen den Konkurs nur im Gegenzug zu einer vollständigen Liberalisierung der Wirtschaft gewährt würden.

Sachs, ein junger Akademiker, der Hyperinflationsfälle wie den Boliviens studiert hatte, war für diese Maßnahmen verantwortlich: 1985 stiegen die Preise im Vergleich zum Vorjahr um 8170 Prozent. Niemand wollte den bolivianischen Peso auch nur als Tapete. Wenn du in einer Bar zwei Bier trinkst, pflegten die Bolivianer zu sagen, dann bestelle sie und bezahle sie gleich zu Beginn, denn sonst steigt der Preis, bevor du ausgetrunken hast. Um die Inflation zu bremsen und die Einkommen zu erhöhen, schlug Sachs folgenschwere Maßnahmen vor. Der Staat stellte den Druck von Banknoten ein, womit bislang Löcher gestopft wurden, erhöhte die Steuern auf Benzin und Waren des täglichen Bedarfs, schaffte Subventionen für Lebensmittel ab und kürzte bei den Ausgaben für Renten, Bildung und Gesundheitsfürsorge, er entließ Tausende von Staatsbediensteten, fror die Gehälter aller anderen ein und hörte auf, regulierend in Preise, Wechselkurse und Angestelltenverhältnisse einzugreifen.

Mehrere von der Härte der Maßnahmen entsetzte Minister von Paz Estenssoro wollten zurücktreten. Minister Bedregal, einer der beiden, die an dem Plan beteiligt waren, stellte sie zur Rede und sagte ihnen: »Wir müssen wie der Pilot von Hiroshima sein. Als er die Atombombe abwarf, wusste er nicht, was er tat, aber als er die Rauchwolke sah, die er hinterließ, sagte er: ›Oh, es tut mir so leid!‹ Und das ist genau das, was wir tun müssen: Maßnahmen einleiten und dann um Verzeihung bitten.« Die Zentrale Arbeitergewerkschaft Boliviens rief zu einem fünfzehntägigen Streik auf, und die Regierung reagierte darauf mit einem Belagerungszustand, der drei Monate andauerte: Politische Versammlungen wurden verboten, 1500 Demonstranten wurden verhaftet und 200 Gewerkschaftsführer in den Amazonas verbannt, was ja bereits Tradition hat. »Diesmal haben sie uns nicht in den Dschungel gebracht, um uns zu foltern und zu ermorden«, schrieb der Gewerkschaftsführer Filemón Escóbar, »aber sie haben uns so lange eingesperrt, wie es nötig war, um ihren Wirtschaftsplan ohne Widerstand umzusetzen.«

Im Namen eines freien Marktes ohne Wettbewerbsverzerrungen wurden mit dem Dekret auch die staatlichen Subventionen für einheimische Produzenten abgeschafft sowie die Zölle auf ausländische Waren, die zum Großteil aus reichen Ländern kamen, die ihrerseits sehr wohl ihren Erzeugern Subventionen gewährten.

Mit diesen Maßnahmen konnte Bolivien die Inflation eindämmen und den Staatshaushalt ausgleichen. Es erhielt Lob vom IWF für seine Staatskonten und wurde als Modellland in den Weltmarkt integriert. Bolivien verkaufte weiterhin seine mit sehr billiger Arbeitskraft erschlossenen Rohstoffe, ohne irgendeine Industrie zu entwickeln, und kaufte von anderen Ländern fast alles, was die Bolivianer brauchten. Die Schuldenlast wurde daraufhin neu verhandelt und dem Land erlaubt, sie, ohne sich weiter zu überfordern, zu begleichen. Die Wirtschaft begann zu wachsen.

Das Ergebnis war das sogenannte bolivianische Wirtschaftswunder.

Wieder einmal war Bolivien das Versuchskaninchen. Der IWF impfte dem Land ein Liberalisierungsprogramm ein, das später auf andere Länder übertragen werden sollte, und beobachtete die Ergebnisse. In seinen Memoiren erzählt Sachs, dass er in Bolivien ankam, ohne überhaupt zu wissen, wo es auf der Landkarte lag, mit »einem leeren Notizbuch« und »theoretischen Grundkenntnissen« über Probleme, deren Behandlung ihm niemand beigebracht hatte. Dabei entdeckte er, dass »Inflation und Defizit Symptome eines viel tieferen Übels waren« und dass »das Ende der Hyperinflation nicht das Ende von Leid und extremer Armut bedeutete«.

»Glücklicherweise«, fügt er hinzu, »hat dieser gravierende Mangel an Wissen bei meinem ersten Ausflug in die Beratung von Ländern keine großen Störungen verursacht.«

Er wird wohl nicht viel nachgefragt haben.

Die Wirtschaft wuchs: zu wenig und zu langsam, um das Land wieder auf Kurs zu bringen. Den wenigen Bolivianern, die nicht arm waren, ging es besser als vorher; der Mehrheit ging es viel schlechter. Viele Tausende wurden arbeitslos, viele andere arbeiteten weiter, allerdings unter katastrophalen Bedingungen: sehr niedrige Löhne, prekäre Arbeitsverträge, starke Kürzungen bei Renten, Arbeitslosen- oder Krankengeld. Die Armut breitete sich noch weiter aus.

Die logische Lösung in einem freien Markt war der Wechsel zum einzig profitablen Wirtschaftszweig: der Kokainproduktion. Tausende von Bolivianern wandten sich diesem einzigen Sektor zu, in dem Bolivien wirklich sehr produktiv war. Innerhalb weniger Jahre stieg der Anteil der Bauern, die Kokapflanzen anbauten, von 17 Prozent auf 37 Prozent, die Anbaufläche nahm sprunghaft zu und die illegalen Drogenausfuhren brachten dem Land mehr Einnahmen als alle legalen Ausfuhren zusammen. Jede zehnte Person arbeitete in einem Zweig, der mit Koka und Kokain zu tun hatte. Nach Ansicht der Politikwissenschaftler Catherine Conaghan und James Malloy »trugen der Drogenhandel und die internationale Hilfe, die Estenssoro erhielt, dazu bei, die Härten der Stabilisierung abzufedern. Geldspritzen durch Kokadollars verhalfen zu einer stabilen Währung.«

Die Marktliberalisierung und die Gründung privater Unternehmen sollten die Tausenden von Entlassenen aus dem öffentlichen Sektor auffangen. Aber diese Tausende von Arbeitskräften wurden von niemandem außer den Kokainproduzenten gebraucht. Bolivien blieb in seiner Rolle als ein Land ohne Infrastruktur, ohne Investitionen, ohne Industrie stecken, ein Land, das nur ein prekäres Lager für die Förderung von Öl, Gas und Erz war, so wie in den letzten fünfhundert Jahren.

Und besaß nicht die Fähigkeit, sich gegen internationale Spekulanten zu wehren, die mit Rohstoffen spielen und Länder untergehen lassen, ob nun bewusst oder unbewusst, völlig unbekümmert.

Am 24. Oktober 1985 war Bolivien an der Reihe. An diesem Tag brach der Zinnpreis an der Londoner Börse endgültig ein und der Handel wurde ausgesetzt. Damals kostete die Comibol die Herstellung eines Pfunds Zinn zehn Dollar, für zwei wurde es verkauft. Es war der letzte Strohhalm für ein staatliches Unternehmen, das durch ein katastrophales Management und Korruption, durch die geringe Rentabilität der erschöpften Lagerstätten und durch veraltete Maschinen bereits ruiniert war. Die Regierung traf daraufhin einschneidende Entscheidungen: Sie gab alle Bergwerke bis auf eines auf und entließ 22 793 der 27 572 Bergleute, die dort beschäftigt waren.

Da es für sie in Bolivien keine andere Möglichkeit gab, den eigenen Lebensunterhalt zu bestreiten, machten die Bergleute mit dem weiter, was sie schon immer taten: Bergbau, aber noch ruinöserer Bergbau. Die Regierung kündigte rechtliche Vorteile für die Genossenschaften an, dies sei ein Angebot für Privatinitiativen, die entlassenen Bergleute könnten sich in kleinen kapitalistischen Gruppen organisieren, um die Produktion wieder aufzunehmen: Sie gab ihnen Lagerstätten, gab ihnen Kredite, nahm ihnen Steuern ab, drückte ein Auge zu, wenn sie die Gesetze zum Arbeits- und Umweltschutz nicht einhielten. Hunderte von Genossenschaften entstanden: Mannschaften von Bergleuten, die ohne Technologie und ohne Plan arbeiteten in Lagerstätten, die für die Industrie unbrauchbar waren, aber noch denen dienten, die bereitwillig einen Stein nach dem anderen herausholten.

Sie haben wenig verdient und sind viel gestorben.

Da die Familien hungerten, verließen die Kinder die Schule und gingen in die Mine, um zu helfen.

Der Zinnkollaps war nichts Außergewöhnliches: Er war Teil einer Epoche, eines Umfelds. Zwischen 1984 und 1987 verursachten Spekulanten, die mit Rohstoffen wie Reis, Weizen, Zucker, Kakao, Kaffee, Holz, Baumwolle, Öl und Metallen spekulierten, 140 Preisschocks (das heißt: plötzliche Preiseinbrüche von mehr als zehn Prozent), wie aus Daten der Wissenschaftlerin Naomi Klein hervorgeht. Auf diesem offenen, globalen Markt gibt es keine Regeln, die Kauf und Verkauf einschränken. Banken, Investmentfonds und Spekulanten schieben viel Geld von einer Ecke der Welt in die andere, von einer Börse zur anderen, von einer Währung zur anderen, von einem Rohstoff zum anderen, um mit diesen Geschäften Geld zu verdienen, was einige Preise in die Höhe treibt und andere in den Keller. Den Weizenpreis können sie in die Höhe jagen, viel Geld verdienen und Millionen Menschen zum Hungern verurteilen. Sie können den Zinnpreis in den Keller treiben, ein Land, das von seinen Exporten abhängig ist, ruinieren und es dann zwingen, die notwendigen Abkommen zu unterzeichnen, damit es sich selbst rettet.

»Wir haben das wirtschaftliche Chaos in Lateinamerika zwischen 1983 und 1988 verursacht. Wir haben es getan, um unser Ziel zu erreichen: die Privatisierung des Südens.« Dies sind die Worte von Davidson Budhoo, einem Wirtschaftswissenschaftler des IWF, der in jenen Jahren wirtschaftliche Liberalisierungspläne für eine Vielzahl afrikanischer und lateinamerikanischer Länder entwarf. Die Marktspekulation erschütterte die armen Länder. Und als sie daran zu ersticken drohten, tauchten der IWF, die Weltbank und das US-Finanzministerium auf und boten Rettungskredite als Gegenleistung für die Umsetzung ihrer Privatisierungs-, Deregulierungs- und Sozialkürzungspläne im Land an, als Gegenleistung für die Verkleinerung des Staates auf ein Minimum und den Entzug seiner Macht, den Reichtum umverteilen und die Bedürftigsten schützen zu können, als Gegenleistung für die Beseitigung aller Hindernisse zum Zugang für ausländische Produkte und Unternehmen. Einige Ökonomen des IWF und der Weltbank behaupteten Jahre später, Privatisierung und Liberalisierung seien keine wesentlichen Entscheidungen zur Stabilisierung von Ländern. Sie nutzten einfach die wirtschaftliche Erstickung, die sie selbst verursacht hatten, um diese Maßnahmen durchzusetzen und um diese Länder für multinationale Unternehmen und einen globalen Markt ohne Regeln zu öffnen, auf dem Spekulanten riesige Gewinne machen.

Regierungen und Börsenmakler spekulieren mit Rohstoffen; in diesem Spiel ruinieren sie die unterentwickelten Länder; diese

Länder akzeptieren die internationale Hilfe und ihre Bedingungen, um sich selbst zu retten; zum Beispiel verzichten sie darauf, in die Beziehungen zwischen Unternehmen und Arbeitern einzugreifen, sie verzichten auf jede Kontrolle, und so kommt am Ende der Kette ein zwölfjähriges Mädchen in die Mine.

»Als die Comibol ihre Aktivitäten einstellte, nahm sie alle Maschinen aus den Minen mit«, schreibt Jocelyn Michard in ihrer Studie *Cooperativas mineras de Bolivia*. »Die Arbeit war damals stark mechanisiert: Es gab elektrische Bohrer, die Stollen waren mit Schienen ausgestattet, um das Erz auf motorisierten Waggons zu befördern, sie waren breit, mit elektrischen Lampen beleuchtet, und es gab Büros und Gesundheitszentren im Bergwerk. Davon ist nichts mehr übrig: Die Comibol hat sogar die Schienen aus den Stollen entfernt. Das staatliche Unternehmen wollte seine Technologie an die Genossenschaftsmitglieder verkaufen, aber die Maschinen waren so alt und die Preise so hoch, dass nur sehr wenige Bergleute bereit oder in der Lage waren, sie zu kaufen. So wurden zahlreiche Lastwagen, Bohrer, Brecher und sogar komplette Mahlwerke stillgelegt und verrosteten«, so Michard, »während die Bergleute mit Händen und Füßen arbeiteten.«

»Die Lunge hat die Maschine ersetzt«, schrieb der Ingenieur und ehemalige Bergbauminister Jorge Espinoza.

Vor 1985 gab es etwa 20 000 Genossenschaftsmitglieder: ein Viertel der damaligen bolivianischen Bergarbeiter. Im Jahr 2016 waren es 119 000, das sind fast 90 Prozent der Gesamtzahl, gegenüber 8000 Beschäftigten im privaten Bergbau und 7500 im staatlichen Bergbau. Für die meisten Arbeitnehmer bedeutete die Liberalisierung genau das: Sie verloren ihre garantierten Arbeitsplätze und wechselten in den informellen Sektor, ohne Verträge, ohne Sicherheit und unter schlechten Bedingungen.

Laut Isaac Meneses, Vizeminister für Bergbaugenossenschaften, war 2012 nur ein Drittel der 1300 Bergbaugenossenschaften »teilmechanisiert«. Teilmechanisiert bedeutet lediglich den Einsatz von elektrischen Bohrern, um die Wände zu durchbohren: der Rest der Arbeit kann manuell erledigt werden. Die anderen zwei Drittel der Genossenschaften kommen nicht einmal so weit: Sie bohren in das Gestein mit Vorschlaghammer und Meißel, tragen die Ladung in Säcken oder befördern sie in Loren, bearbeiten es mit Hämmern oder mit den sogenannten *quimbaletes*, trennen die Bestandteile mit Säuren, die sie per Hand umrühren. Der Mensch fungiert als reine Tierkraft.

Und ihre Rentabilität ist minimal. Nach einer Studie der Pazos Kanki Foundation produziert ein einziger Arbeiter des großen Bergbauunternehmens Sumimoto so viel wie 94 genossenschaftlich organisierte Bergleute mit ihren handwerklichen Methoden. Und weil sie so wenig produzieren, greifen die Genossenschaften auf andere, noch schwächere Arbeitskräfte zurück, um ihr Einkommen aufzubessern und zu überleben: Arbeiter ohne Vertrag, Witwen, die mit Hämmern Steine zerschlagen, Jungen und Mädchen.

Der Fall des Cerro Rico in Potosí ist einer der schlimmsten: 80 Prozent der Bergleute sind rechtlose Arbeiter. Darunter sind etwa 700 Kinder und Jugendliche, 5 Prozent der Beschäftigten, so die Forscherin Laura Baas, wobei die Zahlen für diese Schwarzarbeit oft sehr schwankend sind.

Die Genossenschaften drücken ein Auge zu.

Und der Staat hat sich aus den Minen zurückgezogen. In diese Angelegenheiten mischt er sich nicht mehr ein.

Polonio Chiri wandert durch ein felsiges Gebiet in den Bergen von Catavi, Departement Potosí. Ruinenwächter ist er. Er trägt einen blauen Helm und eine kakifarbene Weste mit orangefarbenen Reflektorenstreifen und geht sehr langsam um das Skelett einer stillgelegten Fabrik herum. Er geht zwischen den bröckelnden Mauern, den kahlen Balken, den aus ihrer Aufhängung gebrochenen Platten, den irgendwie in der Luft hängenden Erzförderbändern. Wenn der Wind weht, knarrt die Fabrik, knarzt, es scheint, als würde sie genau jetzt endlich zusammenbrechen. Es ist beängstigend, in der Nähe zu niesen. Oder zu husten. Und Polonio hustet sehr viel.

Er ist ein drahtiger, lächelnder, nervöser Mann, 45 Jahre alt und hat Silikose. Tabletten nimmt er nicht gerne.

»Sie machen mich halb besoffen«, sagt er und räuspert sich laut.

Auf der rechten Tasche seiner Weste ist ein Wappen eingestickt: Empresa Minera Catavi. Comibol. Bolivien. Auf der linken Tasche: eine kleine rot-gelb-grüne Nationalflagge. Er nimmt die Tabletten, wenn er keine andere Wahl hat, wenn wieder eine dieser Krisen kommt, an denen er nachts fast erstickt und stundenlang husten muss, wenn er glaubt, er habe sich vor lauter Husten die Rippen gebrochen. Manchmal denkt er, dass es jetzt so weit ist, dass endlich seine Knochen zerbröseln werden. Dann nimmt er die Pillen. Er hält durch, atmet ein wenig besser, schläft ein wenig, und am Morgen zieht er sich an, zieht seine Schuhe an, frühstückt und geht erschöpft zur Arbeit als Wächter der Fabrikruine.

Hier verbringt er seine Stunden. Er sitzt auf einem Plastikstuhl neben einem Bauschuppen und geht von Zeit zu Zeit auf dem felsigen Boden in der Sonne um das Waschbecken und die Sink-and-Float-Anlage herumspazieren.

Früher wurde das Erz mithilfe von Flüssigkeiten, in denen die Schlacke oben schwamm und das dichtere Zinn sich auf dem Boden absetzte, vom übrigen Gestein getrennt. In drei Schichten hielten Arbeiter diese Anlage rund um die Uhr in Betrieb, nahmen die von den Minen kommenden Loren auf Förderbändern entgegen, sammelten das Erz und verschifften es per Bahn. Als die Comibol die Fabrik 1986 aufgab, kamen die entlassenen Bergleute in einem Mob und plünderten alles, was noch zu gebrauchen war.

»Sie nahmen das Eisen, den Zinkspat, bis auf den letzten Bolzen nahmen sie alles.«

Ich verstehe nicht ganz, was dieser Mann hier eigentlich bewacht. Nur noch Schrott ist übrig. Es wäre besser, wenn die Bergleute diese Fabrik fertig abbauen würden und dann weiter geht's. Was vielleicht noch übrig bleibt, ist die Würde des letzten Amts, die von Polonio Chiri.

»Ich bewache die Fabrik vor den Bergleuten der Genossenschaft, dass sie nicht noch mehr stehlen. Wenn sie die Stollen abstützen müssen, kaufen sie keine Pfosten, denn Holz ist teuer. Sie kommen hierher in die Fabrik und schneiden sich Eisen ab, um es mitzunehmen.«

Das Fabrikschiff steckt in einem Meer aus Abraum fest. In diesem Moment kriechen drei Bergleute auf den Knien und sortieren Steine.

»Die sind von der Genossenschaft 23. März«, erklärt Polonio. »Sie bearbeiten die Reste der Ladung, die vorher niemand haben wollte. Im Inneren der Mine sieht es nicht anders aus: Es werden nur noch kleine Stränge abgebaut. Ich habe riesige Adern gesehen – er streckt seine Arme aus – mit 57 Prozent Erzgehalt, was unglaublich ist, aber damals war Zinn sehr billig, mit 1,80 Dollar pro Pfund, der Ruin. Zwischen 1993 und 1994 haben wir mehr als ein Jahr lang mit Verlusten 150 Meter weit in den Fels hineingebohrt, bis wir die Ader fanden. Wir haben geschürft, aber der Preis war sehr niedrig. Dann war das Flöz unterbrochen und wir konnten den weiteren Verlauf nicht mehr finden.«

Polonio ging wegen Silikose in den Ruhestand und die Comibol bot ihm diese Stelle als Wächter an.

»Ich bin noch da. Sie stellen mich weiter ein, vorläufig. Ich möchte, dass sie mir einen Arbeitsvertrag geben, damit ich fest angestellt werde, aber ich kann mich nicht beschweren, denn mit meiner Krankheit kann ich nicht mehr in die Mine, und wenigstens lassen sie mich hier bleiben und ein bisschen Geld verdienen.«

Ich frage ihn, ob ich ihn fragen könne, wie viel er verdiene.

»Ein bisschen.«

In der Nähe der Ruinen, etwa hundert Meter entfernt, befindet sich eine Militärkaserne.

»Die Fabrik wurde früher von der Armee bewacht. Aber die Soldaten selbst haben sie vollends zerstört. Sie nahmen die Materialien mit und verkauften sie. Diese Fabrik sollte arbeiten und Arbeitsplätze schaffen, aber sie haben alles gestohlen.«

Die Soldaten malten mehrere Wandgemälde an die Mauern der Garnison. Auf einem davon steht: »Armee von Bolivien. Schmied des Vaterlandes.« Daneben öffnet ein bestialisches Gesicht, eine Art cholerischer Gorilla, seinen Kiefer, entblößt seine langen Reißzähne und trägt einen Helm mit den Initialen PM. Zwei weitere Slogans lauteten: »Ich glaube nur an Gott und an die bolivianische Armee. Solange ich an sie glaube, gibt es keinen Feind und keine Angst vor dem Tod.« Und: »Der Infanterist, wenn er tötet, tötet er, weil er mutig ist. Wer versucht, ihn zu imitieren, sollte dies nicht tun, denn das ist nur etwas für die Mutigen.«

»Manchmal kommen auch Leute, die vor vielen Jahren in der Fabrik gearbeitet haben«, sagt Chiri. »Sie kommen aus Neugierde. Und sie fangen an zu weinen. Ich habe viele von ihnen weinen sehen.«

Was tun mit den übriggebliebenen Arbeitern, mit diesem kleinen Problem? Und was tun, wenn man sie eines Tages wieder braucht? Es wäre besser für sie, eine ähnliche Tätigkeit auszuüben, auf eigene Rechnung weiterzuarbeiten und genug zum Überleben zu verdienen. Es wäre auch ungünstig, wenn sie reich würden, sie andere Industriezweige fänden, andere Jobs, andere Unternehmen, um ihren Lebensunterhalt zu verdienen.

Nach dem Weltwirtschaftscrash von 1929 brachen die Preise für Erze ein – wie dann wieder 1985 –, die bolivianischen Unternehmen entließen Tausende von Bergleuten – wie auch 1985 –, und die Übriggebliebenen organisierten sich in ersten Genossenschaften und schürften in den für die Unternehmen unrentablen Lagerstätten weiter von Hand – wie auch 1985. Die erste Bergarbeitergenossenschaft wurde 1939 in Potosí gegründet, um in den von den Unternehmen hinterlassenen Randgebieten zu schürfen. Es handelte sich um Arbeitskräfte ohne Technologie und Investitionen, die zwar überleben, aber nicht prosperieren konnten, und die auf eine neue Chance warteten: Wenn die Preise stiegen, könnten die Unternehmen, die sie entlassen hatten, sie wieder einstellen. Sie hatten keine andere Wahl: In jenen Jahren erwirtschaftete Bolivien zwar einen außerordentlichen Reichtum durch Bodenschätze, aber die Gewinne wurden nie dazu verwendet, die Wirtschaft zu diversifizieren und nach anderen Wegen zu suchen. Die Regierung befand sich in den Händen der Bergbauoligarchen. Sie tätigte nur Investitionen, die ihren drei großen Unternehmen dienlich waren, und ließ 98 von

100 Bolivianern im Elend, diese billigen Wegwerf-Arbeitskräfte, auf deren Rücken Rüben gesät werden konnten.

Nach der Zinnkrise von 1985 war die Lösung dieselbe: Tausende von Arbeitnehmern verloren ihren Arbeitsplatz in öffentlichen und privaten Unternehmen und gingen massenweise zu Genossenschaften.

Nach Angaben des Wirtschaftswissenschaftlers Pablo Poveda stellen die Genossenschaften heute 90 Prozent der bolivianischen Bergleute ... und tragen 3,29 Prozent zur Bergbauproduktion des Landes bei.

Gleichzeitig werden im Tagebau San Cristóbal in Potosí riesige Mengen an Silber, Blei und Zink gefördert: Zwischen 2009 und 2012 trug San Cristóbal zur Hälfte der gesamten Bergbauproduktion Boliviens bei. Betreiber ist der japanische Konzern Sumimoto, der mit modernster Technik arbeitet und tausend Menschen beschäftigt – »Privatunternehmen reißen ganze Berge ab und verarbeiten sie ohne zeitraubendes Sortieren«, schreibt Michard.

Tausend Arbeiter sorgen für die Hälfte der Bergbauproduktion des gesamten Landes.

Und dann sind da noch die 120 000 absolut entbehrlichen Bergarbeiter: diese Schar von Genossenschaftsmitgliedern, Tagelöhnern, *palliris*, die ihr Leben mit dem Hacken von Steinen vergeuden, die gerade genug verdienen, um nicht zu verhungern, und die zusammen unbedeutende drei Prozent der Produktion erzeugen. Sie könnten verschwinden und dem System würde nichts passieren.

In der Tat verschwinden viele und es passiert nichts.

Don Nicolás, der Vater von Alicia, starb im Alter von 34 Jahren an der Grubenkrankheit. Die Grubenkrankheit ist die Silikose:

Die Luft in den Stollen ist voller Siliziumdioxidpartikel, die Bergleute atmen sie ständig ein, sie lagern sich in der Lunge ab und bilden Knötchen, kleine Faserkügelchen, die die Bronchien verformen und das Atmen erschweren. Nach zehn oder fünfzehn Jahren Siliziumdioxid-Atmung gibt es kaum einen Bergmann, der nicht an der Krankheit erstickt – es gibt kaum noch gesunde Bergleute im Alter von 35 Jahren.

Als Don Nicolás aufhörte zu arbeiten, weil er an Erstickungsanfällen litt, bekam er keinen einzigen Peso. Ein Bauer war er, der in die Minen abgewandert war, als Tagelöhner in einer Genossenschaft anfing und nie Mitglied wurde.

»Er hatte keine Dokumente«, sagt Doña Rosa.

Als ihr Mann nicht mehr arbeiten konnte, begannen sie und ihre älteren Kinder, Steine zu sammeln, um etwas Geld zu verdienen. Alicia arbeitete noch nicht, weil sie zu jung war, aber es fehlte nicht viel. Sie war zehn Jahre alt, als ihr Vater starb.

»Eine Witwenrente hatte ich nie«, sagt Doña Rosa. »Nichts hatten wir, keine Rente, keine Versicherung, gar nichts, keinerlei Dokumente. Ich blieb mit meinen vier Kindern allein zurück. Immerhin gab mir die Genossenschaft diesen Job als Wächterin und lässt uns hier auf der *canchamina* wohnen.«

Ibeth Garabito ging zu Trauerfeiern und Begräbnissen in Potosí und fragte nach den Toten. Denn der Tod von Bergleuten durch Unfall oder Krankheit wird in keinem Register, in keinem Bericht, in keiner Statistik erfasst. Das kommt durchaus gelegen: Sie verschwinden, niemand weiß, wie viele es sind, niemand weiß, woran sie gestorben sind, niemand ist für irgendetwas verantwortlich.

Die lokalen Zeitungen bringen sehr oft Nachrichten über Todesfälle in den Bergwerken. Der 18-jährige Junge, der bei einem Einsturz zerquetscht wurde; der 22-Jährige, der achtzig Meter tief in einen Schacht stürzte und »in Stücke gerissen wurde«, so sein Bruder, der damals mit ihm zusammenarbeitete, und der erklärte, dass sie keine Versicherung hatten; die beiden Kollegen im Alter von 24 und 31 Jahren, die durch die Explosion von zwölf Dynamitkartuschen, die sie selbst platziert hatten, getötet wurden und zwei Kinder als Waisen hinterließen.

Von Zeit zu Zeit taucht so etwas wie eine Statistik auf: 2010 zählte die UNESCO 120 Todesopfer im Cerro Rico. Der Arbeitsdirektor des Departements erklärte, dass sechs von zehn Unfällen in der Mine nicht registriert sind und dass die Kollegen der Opfer oft bestochen oder bedroht werden, damit sie schweigen. Nach Angaben des Bergbauingenieurs Alfredo Gutiérrez legen nur zehn Prozent der Bergbauunternehmen Standards für die Sicherheit am Arbeitsplatz fest, und nach Angaben des Ingenieurs Carlos Sandy ist die Zahl der Unfälle in Genossenschaften wesentlich höher als im privaten oder öffentlichen Bergbau. Ibeth Garabito erzählt:

»In den Friedhofsunterlagen habe ich gesehen, dass viele der im Bergwerk Verstorbenen als Landwirte aufgeführt sind, weil sie als Einwanderer vom Land kamen und daher nicht als Bergbautote erscheinen. Auch diejenigen, die an Silikose erkrankt sind, erscheinen nicht, da sie außerhalb des Bergwerks sterben und somit nicht zählen.«

Garabito ist Präsidentin der Organisation Musol (Solidarität mit den Frauen) und berichtet von einem weiteren Grund, warum es sinnvoll ist, die Toten zu verheimlichen: um den Ansprüchen von Waisen und Witwen nicht nachkommen zu müssen.

»Wir haben nachgeforscht und nachgerechnet: In Potosí sterben jeden Monat durchschnittlich vierzehn Bergleute durch

Unfälle oder Krankheiten. Das macht vierzehn Witwen, die im Durchschnitt fünf minderjährige Kinder zu versorgen haben, und sie gehen leer aus. Die meisten der Verstorbenen arbeiteten ohne Einhaltung des allgemeinen Arbeitsgesetzes und ohne Vertrag, sodass die Frauen keinen Anspruch auf Witwenrente haben. Und wenn sie einen Anspruch haben, wissen sie es oft nicht, oder sie werden betrogen oder bedroht. Die Anwälte der Genossenschaften schlagen ihnen unfaire Vereinbarungen vor, manchmal bringen sie sie dazu, auf ihre Rechte zu verzichten oder ein Viertel des Geldes zu akzeptieren, das ihnen gesetzlich zusteht. Wir haben gerade eine Klage gegen den Anwalt einer Genossenschaft eingereicht, der die Witwe davon überzeugt hat, dass er ihr fünfhundert Dollar Entschädigung als Gefallen zukommen lässt, und von diesen fünfhundert Dollar hat er dreihundert für seine Dienste behalten. Durch diese Betrügereien wird die Ausbeutung fortgesetzt, denn die Waisenkinder haben keine andere Wahl, als von klein auf in der Mine zu arbeiten und dabei sehr schlechte Bedingungen in Kauf zu nehmen.«

Rosario Tapia leitet die Liga zum Schutz der Umwelt, die das Blut der Bewohner von Cerro Rico analysierte und dabei extrem hohe Konzentrationen von Arsen, Kadmium, Quecksilber, Zink und Chrom feststellte.

»Da untersucht man, warum die Bergleute sterben, und in den Bescheinigungen steht ›kardiorespiratorischer Stillstand‹. Natürlich sterben am Ende alle Menschen an einem Herz- und Atemstillstand. Bergleute sterben durch Stürze in die Tiefe, durch Einstürze, durch Gasvergiftungen und vor allem durch Silikose. Sie alle erleiden einen Herz- und Atemstillstand, aber niemand lässt mehr Details verlautbaren, denn dann würde die Verantwortung beginnen. Ganz zu schweigen von den Familien, die im Cerro unter schrecklichen Bedingungen wie Hunger, Kälte und Umweltverschmutzung leben. Im Cerro sterben zum Beispiel viele an Tuberkulose. Sie sind sehr schwach, sie sterben an allem Möglichen. Das ist jedoch nirgends vermerkt. Das alles wird von den Genossenschaften und dem Staat gedeckt. Sie wollen nicht, dass wir die brutalen Kosten des Bergbaus kennen.«

Die Gegend um das Krankenhaus der Staatlichen Krankenversicherung in Potosí gleicht einer Ausstellung riesiger Geländewagen, die wie futuristische Panzer aussehen, silbern, metallisch blau, mit hüfthohen Rädern, getönten Scheiben und glänzendem Chrom. Es ist die beliebteste Anschaffung der Bergwerksbosse. Sie fahren zum Krankenhaus und parken – sogar auf dem Bürgersteig – ihren Toyota Highlander, ihren Chevrolet Silverado, ihren Nissan Terrano.

Drinnen, im Wartezimmer der Pneumologie, husten und keuchen Männer mit Baseballmützen. Einer von ihnen ist an einen Sauerstoffapparat angeschlossen.

Ich sage der Frau am Empfang, dass ich Journalist bin und mit einem Pneumologen über die gesundheitliche Lage der Bergleute, über Silikose, sprechen möchte. Sie ruft Dr. Gualberto Astorga an und sagt mir, ich solle in die Pneumologie gehen. Der Arzt erwartet mich an der Tür seiner Praxis: Ja, er sei gerne bereit, meine Fragen zu beantworten, aber ich solle erst übermorgen, am Donnerstagnachmittag, kommen, weil er heute Patienten habe.

Ich komme am Donnerstagnachmittag wieder, und er sagt mir, dass es auch kein guter Tag sei, dass er auch heute Sprechstunde habe. Ich frage ihn, ob ich ihm ein wenig Zeit stehlen dürfe, wenn er mit der Arbeit fertig ist, und er sagt Nein, er könne sich außerhalb des Krankenhauses nicht um Journalisten kümmern. Und ich möge morgen, Freitagnachmittag, wiederkommen.

Ich komme am Freitagnachmittag an und denke, dass ich dieses Mal Glück habe: Das Wartezimmer ist leer. Ich klopfe an die Tür, Dr. Astorga bittet mich herein und ist nicht sehr erfreut, als er mich sieht. Er sagt mir, dass er der Presse nicht ohne Erlaubnis seiner Vorgesetzten antworten könne. Ich müsse diese Erlaubnis schriftlich bei der Krankenhausleitung beantragen. Die sei in einem anderen Gebäude, aber in der Nähe.

Ich gehe nach draußen, suche das andere Gebäude, gehe hinein und erzähle einer Empfangsdame von meinem Fall. Die Empfangsdame schickt mich in den ersten Stock, in das Büro einer Sekretärin, der ich mein Anliegen schildere. Die Sekretärin ruft Dr. Martínez an und sagt mir, dass ich in sein Büro gehen könne. Ich schildere Dr. Martínez meinen Fall: Ich bin Journalist und möchte Dr. Astorga einige Fragen über die Gesundheit der Bergleute stellen. Dr. Astorga sagt mir, dass er dazu bereit sei, dass ich aber eine schriftliche Erlaubnis der Geschäftsleitung bräuchte.

Dr. Martínez lacht. »Schriftliche Genehmigung?«

Er steht von seinem Stuhl auf und fordert mich auf, ihn zu begleiten. Wir gehen einen Korridor entlang und er klopft mir auf die Schulter, als wolle er mich ermutigen. Wir gehen in ein anderes Büro, er legt ein Blatt Papier in eine Torpedo-Schreibmaschine, schreibt den folgenden Brief, unterschreibt ihn und setzt einen blauen Tintenstempel darauf.

An Dr. Gualberto Astorga

Pneumologe

Ich lege Ihnen nahe, sich um den Antragstellenden zu kümmern, der Studien über das Leben und die Gewohnheiten unserer Mitglieder, die in den Bergwerken arbeiten, durchführt.

Mit freundlichen Grüßen
Dr. José Luis Martínez Márquez
Regionaler medizinischer Leiter
Staatliche Krankenversicherung

Dr. Martínez reicht mir das Blatt Papier, lächelt mich wieder an und wünscht mir Glück. Ich verlasse das Gebäude, gehe zurück in die Pneumologie und setze mich ins Wartezimmer. Nach einer Viertelstunde öffnet sich die Tür zum Sprechzimmer und ein Patient kommt heraus. Ich schaue hinein und sage »Hallo« zu Dr. Astorga. Ich zeige ihm die getippte, unterschriebene und abgestempelte Genehmigung. Dr. Astorga sagt mir, dass er jetzt viele Patienten habe, dass es am Montagmorgen ruhig sein werde und dass er mich dann empfangen könne.

Ich komme am Montagmorgen. Ich sehe, dass die Praxis von Dr. Astorga geschlossen ist, dass niemand im Wartezimmer ist, also frage ich an der Rezeption nach ihm.

»Dr. Astorga arbeitet nicht am Montagmorgen.«

Emilio Alave begann im Alter von zehn Jahren, in der Mine zu arbeiten. Jetzt, mit fünfzig Jahren, lächelt er und weigert sich, »aus Respekt vor seinen Bergmannskollegen«, die Spekulationen der Journalisten über sein Vermögen zu kommentieren: sechs, sieben, acht Millionen Dollar.

Er erzählt, dass er im Alter von sechzehn Jahren 48-Stunden-Schichten am Stück arbeitete, um Erzkarren zu schieben, ohne Essen oder Schlaf, und es aushielt, indem er Kokablätter kaute. Im Alter von 21 Jahren erbte er von seinem Vater ein kleines Stück Land, auf dem jahrelang kaum Erz zu finden war, egal wie viel er bohrte, egal wie viel er vorantrieb, egal wie sehr er auch insistierte. Dass er manchmal nicht einmal genug zu essen hatte und er fast betteln musste. Dass er nicht aufgab, weil sein Vater ihm sagte, dass diese Lagerstätte ihn eines Tages zum Millionär machen würde. Er bat den Tío, den Geist, der die Tiefen der Erde beherrscht, um Hilfe, er brachte ihm Opfergaben, und schließlich, als er 32 Jahre alt war, legte eine Dynamitexplosion eine sehr reiche Silberader frei.

Alave sagt, dass ihn von da an nur noch eines von anderen Bergleuten unterschied: Statt seine Gewinne »für Schnaps und Frauen« auszugeben, investierte er sie wieder in das Unternehmen. Heute leitet er mehrere Unternehmen, die Erze im Wert von mehreren zehn Millionen Dollar pro Jahr exportieren, er steht der Genossenschaft Compotosí vor, die 450 Mitglieder und 2500 Zeitarbeiter beschäftigt …

(Jetzt sagt man nicht mehr Tagelöhner oder Zweithände-Arbeiter: wir sagen Zeitarbeiter.)

… und er besitzt außerdem Transportunternehmen, eine Getränkefabrik, zahlreiche Immobilien, ein Hotel und eine Fußballmannschaft, die, als sie in der zweiten Liga spielte, seinen Namen trug – Atlético Nacional Emilio Alave – und jetzt in der ersten Liga als Nacional Potosí spielt. Alave geht durch die Dörfer und verteilt Geschenke, bietet Stipendien für Jugendliche an und hat eine Fußballschule eingerichtet, in der er die Ausbildung der besten Nachwuchsspieler von Potosí bezahlt. Er selbst spielt als Innenverteidiger in der Mannschaft von Compotosí, mit der er 2009 die Meisterschaft der Bergbaugenossenschaften gewann. Wie die Journalistin María José Vargas in ihrem Blog »Periodismo desde Bolivia« (Journalismus aus Bolivien) berichtet, betrat Alave das Spielfeld mit einer goldenen Rolex im Wert von 49 000 Dollar.

In einer der Lagerstätten von Compotosí erzählt mir ein Arbeiter namens Ricardo, dass Emilio Alave die Stollen nie betritt und dass sie wissen, warum. Ich sehe darin kein großes Geheimnis: Ein Bergmann, der sein Leben in bitterer Armut verbringt und mit 32 Jahren reich wird, will nicht unbedingt in die Mine zurückkehren. Aber das sei es nicht, sagt mir Ricardo, das sei es nicht. Anstatt einige Lamas zu opfern und ihr Blut am Eingang der Mine zu verspritzen, wie es üblich ist, um Pachamama um mineralische Fruchtbarkeit zu bitten, opferte Alave weit mehr: einen seiner Söhne. Und er beerdigte ihn in der Mine. Pachamama antwortete auf ein so großes Opfer mit einer so großen Belohnung: einer sehr reichen Silberader. Deshalb ist er Millionär geworden, sagt Ricardo. Doch wenn er sich jetzt der Mine nähere, hört er das Stöhnen seines toten Sohnes aus der Tiefe des Berges. Deshalb gehe Alave nie wieder hinein, sagt Ricardo. Diese Geschichte kursiert unter Tage.

Emilio Alave hat einen Neffen, Richard Alave, der ebenfalls Bergbauunternehmer ist, Mitglied derselben Compotosí-Genossenschaft und Präsident des Verbands der Bergbaugenossenschaften von Potosí (Fedecomin). Er leitete auch eine Fußballmannschaft: die Stormers San Lorenzo, die in der zweiten bolivianischen Liga spielen.

Richard Alave ist ein mächtiger Mann: Mit einer einzigen Rede kann er ganz Potosí zum Erliegen bringen.

Eines Tages rief er nämlich Tausende von Bergarbeitern dazu auf, aus Protest gegen die Regierung vom Cerro Rico ins Stadtzentrum zu marschieren und Dynamit zu werfen.

Sie protestierten, weil die Regierung beabsichtigte, den Bergbaugenossenschaften eine Mehrwertsteuer aufzuerlegen, ein Beschluss aus dem Jahr 1987, den noch kein Präsident umzusetzen gewagt hatte. Diesmal aber wollte die Regierung den genossenschaftlichen Bergleuten eine Null-Prozent-Mehrwertsteuer auferlegen. Mit anderen Worten, sie wollte ihnen die Steuerabgabe nicht aufbürden, wie sie es bei anderen Unternehmen tut, sondern sie zwingen, zumindest anzugeben, wie viel Erz sie tatsächlich produzieren. Denn die Fabriken, die das Erz verarbeiten, und die Unternehmen, die es exportieren, geben die tatsächlichen Mengen oft zu niedrig an, um weniger Steuern zu zahlen.

Richard Alave sagte daraufhin eine Katastrophe voraus: Die Anwendung der Mehrwertsteuer werde die Genossenschaften ruinieren und Tausende von Bergleuten arbeitslos machen, sagte er. Und die Mär spricht sich unter Tage herum.

»Notfallvorladung. Alle Mitglieder, Delegierten und Arbeiter im Allgemeinen sind zu dem Massenaufmarsch aufgerufen, der morgen um 8 Uhr 30 auf dem Gelände der Genossenschaft stattfinden wird, und zwar aus Anlass des Problems der Grubensteuer. Anwesenheit wird festgestellt. Die Minen werden geschlossen. Der Vorstand«.

Die Botschaft ist mit Kreide auf eine Tafel an der Tür des Hauptsitzes der Cooperativa Minera Unificada de Potosí im oberen Teil des Bergbaureviers geschrieben.

Der Morgen ist klar und kalt. Die Bergleute tragen Jacken, Helme und Stiefel. Sie sind zahlreich: Tausende. Sie besetzen die Straßen, stellen sich in einer sehr langen Schlange an den Hängen des Cerro Rico an, versammeln sich in kleinen Gruppen, rauchen, unterhalten sich, warten auf den Beginn der Demonstration.

Um 8 Uhr 40 fährt ein Lieferwagen mit Megafon langsam die Straße entlang.

»Los geht's, Compañeros!«

Der Fahnenträger macht den ersten Schritt. Er ist ein altgedienter Bergmann in den Sechzigern. Er trägt einen Helm, aus dem zottelige weiße Haarsträhnen herausragen, und geht vorwärts, den Mund hat er zusammengekniffen, den Blick in die Ferne gerichtet. Die große, rautenförmige Fahne, die er trägt, ist an einem Holzkreuz von einem Ende zum anderen entrollt, mit den Farben Rot, Gelb und Grün der bolivianischen Flagge und der aufgestickten Aufschrift »Federación Departamental de Cooperativas Mineras de Potosí, Fedecomin. Gegründet am 1. Mai 1955«. Ihm folgen vier Frauen in bunten Faltenröcken, Schultertüchern und Melonenhüten, die ein großes grünes Transparent mit gelber Aufschrift halten: »Mit dabei: Fedecomin Potosí«.

Hinter ihnen folgen Tausende Bergleute mit den Bannern der einzelnen Genossenschaften, aus denen sich der Verband zusammensetzt. Die einen marschieren in Scharen, die anderen in martialischen Reihen – feierliches Schweigen, starke Gesten, markante Schritte. Sie gehen die Calle Hernández, die Hauptschlagader des Bergbauviertels, in Richtung Stadtzentrum hinunter, und die Stadtbewohner beobachten sie von den Bürgersteigen aus mit einiger Besorgnis. Die Demonstranten halten Plakate mit handgeschriebenen Slogans hoch: »Tod der Grubensteuer«. »Nieder mit der Hungersteuer der diktatorischen Regierung von Evo Morales«. »Tod der undankbaren Regierung von Evo Morales«. »Wir fordern unser Recht auf den Cerro«. »Wir Genossenschaften werden nicht zum Gelächter der Regierung«.

Der Marsch kreuzt den Weg einer Gruppe französischer Touristen mit Helmen, Overalls, Stiefeln, Tüten mit Kokablättern und Flaschen mit Alkohol. Die Touristen sind mit einem Führer auf dem Weg in die Minen, Koka und Alkohol sollen an die Bergleute verteilt werden. Sie wollten nach Pailaviri, erzählt mir der Führer, aber er glaubt, dass sie es heute nicht mehr schaffen. Nein, das können sie nicht: Alle Minen am Cerro Rico sind verlassen, und die Bergleute haben Lastwagen auf die Gleise gestellt, damit niemand hinauffahren kann.

Einer der Touristen macht ein Foto von dem Marsch, lächelt den Bergleuten zu und hält einen Daumen hoch.

In der Straße reihen sich die Geschäfte für Bergbauzubehör aneinander, und die Verkäufer kommen zwischen Bohrern, Spitzhacken, Meißeln, Fäden, Lampen, Vorschlaghämmern, Masken, Helmen, Overalls und Stiefeln hervor, um von der Tür aus den Marsch zu beobachten. Auf dem Bürgersteig sitzt eine Frau mit Schürze und Hut auf einem Hocker vor einem mit rosa Stoff bezogenen Kasten mit einer Gasflasche und einem Topf mit kochendem Öl. Sie beginnt mit dem Ausbacken der Kartoffeltaschen. Alle paar Meter steht eine andere Frau und kocht Linsenbällchen, Bratkartoffeln, Teigtaschen, Reis- und Fleischgerichte.

Weiter unten auf der Straße hält der Marsch an einer Kreuzung an. Autos und öffentliche Verkehrsmittel stehen im Stau und sind bei dem Versuch, das Viertel zu durchqueren, in die Demonstration hineingeraten. Es wird gehupt und gerufen. Aus dem Lieferwagen, der den Marsch anführt, ertönen Lautsprecheransagen: »Compañeros Transportarbeiter, habt Verständnis, seid nicht intolerant, es geht um unsere heilige Arbeit in Potosí!«

Plötzlich halten sich viele Bergleute die Hände an die Ohren, warten ein paar Sekunden …

… und es gibt eine Explosion. Dynamitgranaten wurden geworfen. Hunde laufen weg, kleine Kinder weinen, Schaulustige applaudieren und die Bergleute kreischen vor Freude.

Sie marschieren weiter hinunter zu ihrem Ziel, dem Gebäude des Gouverneursamtes von Potosí. Ihr Plan ist, den Spiegelsaal zu besetzen.

Zwei Tage später hängt ein weiterer Aushang an der Tafel der Cooperativa Minera Unificada de Potosí: Die Protest-Schichten für die Bergarbeiter der einzelnen Genossenschaften, um die vier Straßen, die aus der Stadt hinausführen, und die Gleise, die zu den Minen führen, zu blockieren.

Ich gehe die Straße entlang Richtung Süden stadtauswärts und stoße an der Kreuzung mit der Nationalstraße 1 auf eine Barriere aus riesigen Felsbrocken und mehreren quer gestellten Lastwagen. Etwa hundert Männer sitzen auf dem Boden, unterhalten sich, machen ein Nickerchen, hören Musik. Einige der Jüngeren spielen auf dem Asphalt eine Runde Fußball. In den Straßengräben haben sich die Frauen mit ihren Hüten und Röcken installiert, zusammen mit ihren Kindern, die ihnen beim Aufbau der Essensstände helfen, mit Gaskochern, Töpfen, Tellern, Brat- und Backteig, Kisten mit Erfrischungsgetränken, Brot, Säcken mit Kokablättern, Süßigkeiten, Schokoladentafeln und Kaugummi.

Aus der Stadt strömt eine Welle von Männern und Frauen heran, die Koffer schleppen, Taschen und traditionelle Webstoffe tragen, Kinder an der Hand halten. Sie verlassen Potosí zu Fuß: Sie müssen in andere Städte reisen und haben erfahren, dass einen Kilometer von den Blockaden entfernt Busse warten, ein oder zwei Kilometer außerhalb der Steinhaufen der Bergleute. Die Informationen sind verwirrend. Jemand erzählt, dass jemand gesagt hat, dass der Bus nach Tarija auf der Route 1, fünfzehn bis zwanzig Minuten Fußweg entfernt, auf Fahrgäste wartet.

Die Passagiere durchqueren die Blockade zu Fuß und schleppen ihre Koffer, ohne ein Wort mit den Bergarbeitern zu wechseln …

(einer ja: Einer der Passagiere ruft Sätze, die ich nicht verstehe, und die Bergleute antworten ihm: »Verfickter Affe,

Pappgesicht, ich reiß dir die Eier raus« – mehr im Scherz als im Zorn)

... und sie setzen ihren Weg fort. Einige Jungs mit Motorrädern haben ihr Geschäft erkannt: Sie nehmen einen Reisenden mit seinen Koffern mit und bringen ihn gegen ein paar Pesos zu den Bussen. Dann kommen sie zurück und holen noch einen und noch einen und noch einen.

Ich gehe zurück zum Platz 10. November, im Herzen von Potosí. Auf den Bänken, in den Gesprächsrunden, in den Cafés beklagen sich die Einwohner von Potosí mit aufgestauter Wut über die Blockade, die nun schon seit zwei Tagen andauert. Die Preise in den Supermärkten würden steigen, sagt einer. Es gebe immer weniger, es bestehe die Gefahr von Engpässen. An der Bar eines Cafés erzählt ein alter Mann von dem Hubschrauber – habt ihr nicht von dem Hubschrauber gehört? –, und alle hören zu: Einige Gringo-Touristen haben heute Morgen einen Hubschrauber gemietet, weil sie die Stadt nicht verlassen konnten und nach La Paz mussten, um ihren Flug zurück in ihr Land nicht zu verpassen. Die Bergleute kamen angerannt und warfen Steine, und die Gringos konnten nicht abheben. Aber wie ungehobelt, sagt jemand. Es gibt Leute, die Autokonvois organisieren, um nachts auf den Bergstraßen zu fahren, sagt jemand anderes. Und was macht die Polizei? Sie trauen sich nicht an die Straßensperren heran.

In dieser Zeit befinden sich zwanzig oder dreißig Bergleute im Spiegelsaal des Gouverneursamtes von Potosí. Sie sind schon seit zwei Tagen dort. Am Ende der Demonstration besetzten sie den Saal und gaben ein Communiqué heraus: Sie würden sich nicht bewegen und die Blockaden nicht aufheben, bis der Wirtschaftsminister und die Ministerin für Dezentralisierung nach Potosí kämen, um ihnen persönlich zu garantieren, dass das

Grubensteuergesetz nicht angewandt werde, auch nicht mit einer Nullsteuer, sondern dass ein spezielles Gesetz für die Genossenschaften von Potosí ausgearbeitet werde und dass sie weiterhin oberhalb der Höhe von 4400 Metern arbeiten dürften, dem Gebiet, in dem Comibol die Pachtverträge gekündigt hatte, damit der Berg nicht einstürzt.

Die Minister sind nicht gekommen, aber heute ist ein Vertreter der Zentralregierung aus La Paz eingeflogen, um den genossenschaftlich organisierten Bergleuten zu sagen, dass ein spezielles Gesetz für sie ausgehandelt würde.

Am nächsten Tag zeigen die Zeitungen alle dasselbe Foto auf der Titelseite: Richard Alave, Präsident der Genossenschaften, in blauem Trainingsanzug und mit orangefarbenem Helm, schüttelt Susana Ríos, Vizeministerin für Steuerpolitik, die Hand, nachdem beide eine »Absichtserklärung« unterzeichnet haben. Ríos lächelt, Alave lächelt noch mehr.

Ich bat um ein Gespräch mit Richard Alave vom Genossenschaftsverband von Potosí, und der Sekretär sagte mir, selbstverständlich, ich solle am nächsten Tag um drei Uhr nachmittags wiederkommen.

Ich kam um fünf vor drei an und wurde in einen Warteraum geführt: das Vorzimmer von Alaves Büro. Die Sekretärin – blaue Jacke und Rock, Schmetterlingsbrille, verächtlicher Aufpasserblick – arbeitet an einem Tisch im hinteren Teil des Raums. Acht Männer sitzen auf mehreren Sofas. Drei von ihnen tragen Anzug und Krawatte und gehen etwas auf einem Laptop durch. Zwei andere tragen Trainingsanzüge, blättern ununterbrochen in einer Zeitung, schauen auf den Boden, sind gelangweilt. Und drei andere in Winterjacken und Jeans blättern in einem Haufen seitenlanger Dokumente in verschiedenen Ordnern. Ich grüße sie, sie grüßen mich, ich setze mich in einen freien Sessel. Nach einer Weile reicht mir einer der Männer im Trainingsanzug die Zeitung, falls ich einen Blick darauf werfen möchte. Er sieht aus, als ob er schon lange wartet. Als er die Sekretärin fragt, wie die Lage ist, antwortet sie trocken: »Herr Alave hat keine Sprechstunde.«

Der Mann im Trainingsanzug flüstert mir zu, dass er für halb drei verabredet war. Es ist bereits halb vier.

An der Tür von Alaves Büro hängt ein Schild: »Ehrenamtliche Patenschaften werden nicht angenommen«. Es ist üblich, prominente Personen als Paten zu ernennen, um teure Feste, Veranstaltungen und Prozessionen zu finanzieren.

Eine große, schlanke, weißhaarige Frau betritt den Raum und trägt der Sekretärin ihren Fall vor: An dem Tag, an dem die Bergleute auf dem Platz demonstrierten, sprengte eine der Dynamitexplosionen das Fenster ihrer Nachbarin, einer sehr alten Dame. Ein Beamter des Verbandes notierte sich den Namen, die Straße und die Hausnummer der Dame und versicherte ihr, dass man für die Reparatur des Glases aufkommen würde. Die Sekretärin suchte in den Papieren nach dem Namen der betreffenden Dame.

»Also hier ist sie nicht.«

Die weißhaarige Frau protestiert, bittet sie, genau nachzuschauen, und erzählt noch einmal ihre Geschichte. Das Dynamit explodierte, zerbrach das Glas, es war ein so kleines Glas, der Mann von dem Verband sagte, sie würden dafür bezahlen.

»Ich kann nichts tun. Es ist nicht schriftlich hinterlegt. Sie kann ja selbst kommen, die Dame, wenn sie sich beschweren will.«

»Aber ich habe Ihnen doch gesagt, sie ist schon sehr alt, sie kann nicht herkommen.«

»Also, ich kann da nichts machen. Andere Betroffene waren schon da, sie waren in der Liste und wurden bezahlt. Hier – und sie wedelt mit einer Liste von Namen.

»Aber das kann doch nicht sein. Wer ist denn hier verantwortlich?«

»Herr Alave.«

»Und das hier ist sein Büro?«

»Ja.«

»Kommt er irgendwann raus?«

»Irgendwann einmal, ja.«

»Na, dann warte ich.«

»Ich kann Ihnen aber nicht sagen, wann er rauskommt, Señora.«

Die Frau setzt sich wütend auf eines der Sofas neben den Männern in Trainingsanzügen.

Als die Sekretärin einmal von ihren Papieren aufschaut und mehr oder weniger in meine Richtung blickt, versuche ich, so zu tun, als würde ich ein Gesicht ziehen. Um Viertel vor vier, immer noch ohne Neuigkeiten von Präsident Alave, geht die Sekretärin auf den Korridor, klopft an eine Bürotür, öffnet sie, steckt den Kopf herein, redet kurz und kommt zu mir. Sie sagt mir, dass Guillermo Condori Ramos, der Vorsitzende des Aufsichtsrates, mich empfangen wird.

Ich gehe in sein Büro. Condori ist ein großer, kräftiger, breitschultriger Mann mit dichtem, gewelltem grauem Haar und einem weißen Schnurrbart mit den Spitzen nach unten. Er ist 63 Jahre alt und ein historischer Führer der Genossenschaftsbewegung.

»Ich lebe und bin gesund, weil ich von klein auf eine Führungspersönlichkeit war. Als kleiner Junge bin ich ins Bergwerk gegangen, aber nicht lange. Sonst wäre ich seit zwanzig Jahren schon unter der Erde, wie mein Vater, wie so viele meiner Kumpel.«

Seine Karriere ist voller Titel. Heute ist er Mitglied der Bergbaugenossenschaft Villa Imperial und Präsident des Aufsichtsrates des Departementsverbandes der Bergbaugenossenschaften von Potosí. Er überwache die Konten und sorge dafür, dass die Statuten eingehalten würden, erklärt er. Davor war er seit Mitte der 1980er Jahre in verschiedenen Mandaten Präsident und Vizepräsident des Verbandes. Und Abgeordneter im bolivianischen Kongress, in den Reihen des Movimiento Nacionalista Revolucionario (MNR), der Partei von Víctor Paz Estenssoro, der Partei, die nach der Revolution von 1952 die Bergwerke verstaatlichte und 1986 denselben staatlichen Bergbau auflöste.

Condori sagt, dass die Genossenschaftler die ruinierten Maschinen der Comibol kaufen mussten, dass sie halb abgeschürfte Standorte ausbeuteten, dass ihre Arbeit sehr hart und sehr unrentabel sei. Dennoch brächten sie Wohlstand, denn sie würden viele Arbeitsplätze schaffen, Pachtzins an den Staat zahlen, Lizenzgebühren, Arbeitnehmerbeiträge. Und damit sei es auch genug: Weil eben ihre Tätigkeit etwas ganz Besonderes sei, verdienten sie auch eine besondere Behandlung.

»Die Mehrwertsteuer nicht bezahlen zu müssen, ist eine soziale Errungenschaft«, sagt er.

Die hiesigen Genossenschaften sind auch von der Zahlung anderer Steuern befreit, die andere Bergbauunternehmen zahlen. Laut einem Bericht des bolivianischen Dokumentations- und Informationszentrums (CEDIB) mussten sie 2012 nur 5 Prozent des Wertes ihrer Produktion versteuern, während private Unternehmen laut der Stiftung Pazos Kanki rund 67 Prozent zahlten. Darüber hinaus erhielten die Genossenschaften vom Staat günstige Kredite, Konzessionen für die Förderung von Hunderten von Bergbaugebieten, sie würden sich nicht an die Umweltschutz- und Arbeitsschutzgesetze halten, ihre Verträge an multinationale Unternehmen weiterreichen und so Millionengewinne machen, die hauptsächlich in die Taschen »einer Gruppe von Genossenschaftlern fließen, die als Elite fungieren«, so CEDIB. Die Regierung unter Evo Morales drückte zehn Jahre lang ein Auge zu, weil sie eine so große Bevölkerungsgruppe – hunderttausend Genossenschaftler und ihre Familien machen eine halbe Million Stimmen aus – nicht gegen sich aufbringen wollte, eine Gruppe, die so gut organisiert ist, dass sie mit ihren Protesten das halbe Land lahmlegen kann.

»Einige Führungspersönlichkeiten haben die rechtlichen Vorteile der Genossenschaften ausgenutzt, um viel Geld zu verdienen«, halte ich Condori entgegen.

»Sehen Sie, viele haben ihr Geld, ihre Zeit und ihre Gesundheit riskiert und sind gescheitert. Sie haben ihr ganzes Leben lang gearbeitet und sind immer arm geblieben. Andere sind an einem Tag reich geworden. So ist der Bergbau! Und wenn ein Bergmann sein Leben riskiert hat, wenn er jahrelang mit Verlusten gearbeitet hat, wenn er in reinem Elend gelebt hat, und niemand hat ihm geholfen, und plötzlich findet er einen Silberschatz, dann hat er doch ein Recht darauf, oder? Sofort wird er als Kapitalist tituliert, als Millionär. Dabei ist er ein Risiko eingegangen und es ist ihm geglückt, oder?«

»Ja, aber sie haben Lohnarbeiter, die ohne Vertrag, zu sehr niedrigen Löhnen und ohne Sicherheitsmaßnahmen arbeiten …«

»Nun, zunächst müssen wir klarstellen, dass es keine Lohnarbeiter mehr gibt.«

»Nein?«

»Nein. Keine Lohnarbeiter. Wir nennen sie *presocios*, Vormitglieder. Und wir können sie nicht als Festangestellte beschäftigen. Sie arbeiten keine vollen Achtstundentage, weil sie an gefährlichen Orten arbeiten. Manchmal sind sie drei oder vier Stunden in der Mine, dann gehen sie wieder. Wir können ihnen also nicht den Mindestlohn zahlen. Sie sind keine regulären Arbeitnehmer. Die meisten von ihnen sind Bauern, die saisonal kommen: vor der Ernte, nach der Ernte. Sie arbeiten ein paar Wochen, und wenn sie wollen, gehen sie wieder. Wir könnten ihnen Verträge mit Ermäßigungen bei den Sozialversicherungsbeiträgen und der Krankenversicherung anbieten, aber das wollen sie nicht.

»Und ist das nicht Ihre Pflicht?«

»Sie wollen einfach nur viel verdienen und wieder in ihre Gemeinschaften zurückgehen. Sie kommen und gehen. Damit können wir sie nicht gesetzlich einbinden.«

»Die Wächter und die *palliris* leben auf den Minenvorplätzen, sie gehen nicht weg und arbeiten für Sie auch ohne Vertrag oder Versicherung.«

»Bei ihnen ist es dasselbe! Wenn sie es wollen, gehen diese Frauen. Man kann mit ihnen nicht planen. Wie sollen wir ihnen da einen Vertrag geben? Einige von ihnen erhalten den Mindestlohn. Andere werden schlechter bezahlt, haben aber das Recht, sich Erz zu holen, und verdienen dabei viel Geld. Manchmal mehr als die Mitglieder selbst! Sie sind sehr geschickt: Sie nehmen heimlich das beste Erz, vermischen es mit anderen Steinen, sodass man es nicht bemerkt, und erzielen damit guten Gewinn, sie sind sehr clever. Sie beklauen sich auch gegenseitig. Und sie lassen sich die Werkzeuge stehlen, die sie bewachen. Dann beschweren sie sich, aber manch eine verdient mehr als ein Mitglied. Ein Mitglied investiert, eröffnet einen Standort und setzt sich dem Risiko aus, keine gute Produktion zu haben. Und dann wollen die Arbeiter oder die Wachleute, die ihr Geld nicht riskieren, das Gleiche verdienen. Das kann ja nicht sein.«

»Und was ist mit den Kindern der Wächterinnen? In den genossenschaftlichen Bergwerken arbeiten Minderjährige.«

»Als wir Kinder waren, sind wir auch auf die Vorplätze gegangen. Wir haben unseren Eltern Essen gebracht. Mein Vater war Bergmann, meine Mutter war eine *palliri*. Wir waren dort mit ihnen. Haben gespielt. Und wir wollten doch auch nicht den ganzen Tag dort sein und nichts tun, oder? Also haben wir geholfen. Die Kinder, wo sie schon mal da sind, helfen eben bei der Arbeit.«

Im Jahr 2014 befragte das Büro des Ombudsmanns von Potosí 140 jugendliche Arbeiter, die an den Hängen des Cerro Rico leben (112 arbeiteten innerhalb der Mine, 28 außerhalb). Und veröffentlichte folgende Zahlen:

95 Prozent hatten keinen schriftlichen Arbeitsvertrag. 42 Prozent wussten nicht, für wen sie arbeiteten, und 58 Prozent arbeiteten für Genossenschaftler oder für Tagelöhner, die für die Genossenschaftler arbeiteten.

Sie verdienten durchschnittlich 2400 Pesos im Monat (310 Euro) für vier Stunden am Tag – ein hoher Lohn in Bolivien.

84 Prozent waren nicht krankenversichert. Bei Krankheit oder nach einem Unfall ließen sie sich auf eigene Kosten in einem Gesundheitszentrum behandeln oder nahmen Hausmittel ein. 94 Prozent hatten keine Sicherheitsschulung erhalten, 84 Prozent besaßen keine minenspezifische Kleidung, und die übrigen 16 Prozent bezahlten sie aus eigener Tasche.

64 Prozent gingen nicht zur Schule.

74 Prozent hätten lieber in einem anderen Beruf gearbeitet.

94 Prozent kannten ihre Arbeitnehmerrechte nicht oder wussten nicht, an wen sie sich wenden konnten, um sie einzufordern.

Der Bericht enthält einige Schlussfolgerungen: Die Genossenschaften boten ihren Arbeitnehmern keine menschenwürdige

Arbeit und noch weniger den Jugendlichen, investierten nicht in Sicherheit, boten keinen Krankenversicherungsschutz und achteten die Arbeitnehmerrechte nicht. Der Staat war auf dem Cerro Rico völlig abwesend, weder regelte noch überwachte er die Arbeitsbedingungen und sorgte auch nicht für die Wahrung der Menschenrechte seiner Bürger, die keinen Zugang zu einer angemessenen Unterkunft, zu sanitären Einrichtungen und Hygienemaßnahmen, zu Trinkwasser hatten, denen eine saubere Umwelt und jeglicher Schutz vor Gewalt verwehrt blieb – in einem Umfeld, in dem Überfälle, Schlägereien, Raubüberfälle und sexuelle Übergriffe an der Tagesordnung waren.

Am 25. August 2016 entführte eine Gruppe genossenschaftlich organisierter Bergleute den stellvertretenden Innenminister Rodolfo Illanes.

Es war eine Kampfansage an die Regierung von Evo Morales, die endlich den Schneid gezeigt hatte, bei den Genossenschaften einzugreifen. Sie hatte ein Dekret angekündigt, das den 100 000 Angestellten und Lohnarbeitern der Genossenschaften Arbeitsrechte einräumen sollte: das Recht, Gewerkschaften beizutreten – was bis dahin verboten war –, die Pflicht, die Arbeiter bei einer Sozialversicherung anzumelden und, wie bei jedem anderen bolivianischen Arbeitnehmer, Versicherungs- und Rentenbeiträge einzuzahlen. Natürlich rebellierten die Genossenschaftsführer gegen die Reform. Fünftausend Bergleute blockierten Straßen im ganzen Land, warfen Dynamit gegen die Polizei, die sie zu vertreiben versuchte, und drohten mit der Besetzung mehrerer Stadtzentren. Sie stellten Konditionen für ihren Rückzug: Die Regierung solle die Einführung der Arbeitnehmerrechte aufheben, die Umweltauflagen zurücknehmen, ihnen neue Lagerstätten übergeben …

Bei einer der Blockaden wurde die wichtigste Straße Boliviens, welche die Städte La Paz, Oruro und Potosí verbindet, unterbrochen, und Vizeminister Illanes verhandelte dort im Namen der Regierung. Dabei nahmen ihn die Bergleute als Geisel. Die Polizei griff die Blockierer an, es kam zu einem Gefecht mit Schüssen und Sprengstoffanschlägen, und einer der Polizeischüsse tötete den Bergarbeiter Rubén Aparaya. Als die Entführer Nachricht davon erhielten, zwangen sie den Vizeminister, barfuß bergauf zu gehen, schlugen ihn, zwangen ihn, auf den Knien weiterzugehen, warfen ihn den Berg hinunter, steinigten ihn, brachen ihm Rippen, Arme und Beine und zerschlugen seinen Kopf mit einem Stein. Die Leiche wickelten sie in eine Decke und legten sie auf die Straße.

Die Zusammenstöße endeten mit drei weiteren von der Polizei erschossenen Bergleuten, einem Bergmann, der durch die Explosion einer Dynamitstange getötet wurde, 27 Verletzten und Dutzenden von Festnahmen.

Eine allgemeine Wut auf die Genossenschaftsführer breitete sich in Bolivien aus, auf ihre Missbräuche und Privilegien. Die Regierung hielt unbeirrt an der Arbeitsreform im Bergbau fest und setzte neue Gesetze durch: Genossenschaften müssen fortan Mehrwertsteuer zahlen; sie müssen sich Unternehmensprüfungen unterziehen; sie müssen die Bergbaugebiete, die sie an multinationale Unternehmen unterverpachtet hatten, zurückgeben; und diejenigen, die sich nicht an die Grundsätze des Genossenschaftswesens halten, müssen sich in Privatunternehmen umwandeln.

Alicia muss morgen in die Stadt fahren, um eine Uniform abzuholen. Sie ist glücklich, ein bisschen nervös, ungeduldig.

Mindestens bis zum Abschluss der Sekundarschule werde sie

weiterlernen, sagt sie. Aber sie will sich eine andere Arbeit suchen. Vor ein paar Tagen hat sie ihre Schulnoten in einer Kaserne abgegeben, eine ärztliche Untersuchung absolviert und morgen, am Montag, muss sie schon ihre Uniform abholen gehen.

Sie erzählt mir das im Innenhof eines Schulgebäudekomplexes im Bergbaugebiet von Potosí. Es ist der Sitz der Stiftung Voces Libres, einer Schweizer NGO, die Kindern in den Minen und ihren Familien hilft. An diesem Sonntagmorgen haben sie einen Spieletag organisiert, und jetzt soll ein etwas seltsames Theateratelier beginnen, aber die Frau, die es leiten wird, ist noch nicht aus La Paz in Potosí eingetroffen. Ihr Bus hat Verspätung, erklärt man uns, er hatte wohl einen Unfall oder ist im Verkehr steckengeblieben.

In der Zwischenzeit zeigen sie uns die Ateliers, in denen die Frauen aus den Minen nähen lernen, die Schreinerei, die Lesesäle, den Radiosender, in dem einige Jugendliche ein Praktikum machen, die Wohnungen für Frauen und Kinder, die schwerste Gewalt erlitten haben.

»Da kommt Mercedes!«

Der Teufel

Mercedes Cortez betritt den Raum wie ein Wirbelsturm. Sie rennt, winkt, lacht, schüttelt Hände, ergreift das Mikrofon, holt kurz Luft und spricht zu den zweihundert Anwesenden. Ihre Zuhörer sind eine Schar Mädchen und Jungen, die auf dem Boden sitzen, und Mütter, die auf Stühlen sitzen. Im hinteren Teil des Raumes stehen die sonderbaren Hauptdarsteller des Aktes: etwa dreißig Bergwerksväter.

Die Mütter kommen oft in die Stiftung. Für fast alle Väter ist es das erste Mal: Man hat sie extra eingeladen und ihnen ein Geschenk versprochen.

Mercedes, unter dreißig, groß, dunkel, langer grauer Mantel, perlenfarbener Schal, geht mit dem Mikrofon von einer Seite des Raumes zur anderen und fordert das Publikum auf, mitzumachen. Die Kinder und Mütter singen im Chor die Lieder von Mercedes, tanzen und lachen sich kaputt. Die Väter schauen ernst.

»Wir begrüßen ganz besonders die Papas, die heute hier bei uns sind. Es ist sehr wichtig, dass sie hier sind, denn heute werden wir über gute Erziehung sprechen. Wir werden den Eltern das Kärtchen mit den zehn goldenen Erziehungsregeln geben. Und wir werden sie mit dem Anti-Schlag-Impfstoff impfen. Wofür wird dieser Impfstoff wohl sein?«

Die Kinder antworten: »Damit sie uns nicht schlaaaaaagen!«

»Genau. Und seien Sie mir nicht böse, Señoras, denn heute verwöhnen wir vor allem die Papas. Wir werden den guten und mutigen Vätern, denen, die sich später trauen, uns zu erzählen, was für sie gute Erziehung bedeutet, einen Fußball schenken. Jetzt beginnen wir mit dem Theater!«

Mercedes bittet um Freiwillige. Ein halbes Dutzend Kinder kommt vor und spielt typische Szenen von zu Hause vor. Die kleine Guadalupe, fünf, sechs Jahre alt, hat sich beim Spielen auf der Erde dreckig gemacht und Mercedes spielt die Rolle ihrer Mutter, die sie anschreit, beschimpft und demütigt. Dann wendet sie sich an das Publikum.

»*Wawas,* wie geht es Guadalupe jetzt?«

»Trauuuuuurig!«

Mercedes sagt, liebe Worte sind wichtig: Man kann sie nicht auf dem Markt kaufen, man muss kein Geld dafür bezahlen, um sie zu benutzen, und es kostet dasselbe, wenn man »Lump!« sagt oder »Liebling!«. Sie spielt die Szene mit dem Mädchen erneut, dieses Mal liebevoll.

Es folgen weitere Szenen: Streit zwischen Mama und Papa, der betrunkene Papa, der seine Frau und seine Kinder wegstößt ... Die Kinder erkennen die Szenen ganz genau wieder, verfolgen sie, interpretieren sie, vervollständigen die Dialoge, die üblichen Kämpfe. Am Ende spricht Mercedes über psychologischen Missbrauch, über Traumata, die durch Gewalt und Verachtung bei Kindern ausgelöst werden und für immer bleiben, über die Aufmerksamkeit, die Väter und Mütter ihren kleinen Kindern schenken sollten, über das Recht der Kleinen zu spielen, sich schmutzig zu machen, frech zu sein, denn sie sind Kinder, sie erforschen, entwickeln sich, und man sollte niemals mit Gewalt auf sie reagieren. Sie spricht über die Vorteile einer liebevollen Erziehung.

Und über den Respekt vor dem Körper der Kinder: Kein Erwachsener sollte ihren Körper benutzen. Und ganz besonders aufpassen bei sexuellem Missbrauch, Achtung, das darf niemals zugelassen werden.

»*Wawas*, hat einer von euch blaue Flecken?«

Mehrere Kinder heben die Hände und zeigen auf die anderen. Sie wissen, welche ihrer Freunde in letzter Zeit verprügelt worden sind. Ein pummeliger kleiner Junge, drei oder vier Jahre alt, halb unter der Kapuze seines Pullovers versteckt, steht auf und läuft zu Mercedes. Sie bückt sich, sieht ihn genau an, zieht ihm die Kapuze ab und streichelt seinen Kopf. Der Junge hat ein geschwollenes, violettes Auge.

»Was ist mit dir passiert, mein Kleiner?«

Der Junge schweigt.

Mercedes streichelt wieder seinen Kopf. Und er antwortet leise.

»Ich bin hingefallen.«

Ein anderer Junge kommt hinzu, ein wenig älter, acht oder neun Jahre alt. Er hebt sein eigenes T-Shirt hoch und zeigt einen Körper voller blauer Flecken. Er ist auf das Übelste verprügelt worden.

»Wer hat dir das angetan, mein Schatz?«

»Mein Onkel.«

»Warum hat er dich geschlagen?«

»Weil ich ihn verärgert habe.«

»Ach ja? Was hast du denn gemacht?«

»Ich habe den Schlüssel verloren.«

Die Kinder kehren ins Publikum zurück, und Mercedes liest die Karte mit den zehn goldenen Regeln für eine gute Erziehung vor: Ich umarme dich jeden Tag und sage dir, dass ich dich liebe. Statt dich anzuschreien, höre ich dir zu. Ich gebe dir Aufgaben im Haushalt und berücksichtige dabei dein Alter. Ich verbringe meine Freizeit mit dir, statt mit Freunden einen trinken zu gehen … Sie zeigt auch ein Poster für alle, die es zu Hause aufhängen möchten, mit dem Bild eines Monster-Vaters, der seine Familie anschreit und schlägt, und eines Helden-Vaters, der spielt und zuhört.

»Jetzt machen wir unseren Papas Mut, uns zu erzählen, was ihnen noch zu guter Erziehung einfällt.«

Die Frauen und Kinder schauen nach hinten in den Raum. Die Bergleute kommen schüchtern zu Mercedes. Der Erste, der sich an das Mikrofon wagt, ist ein junger Mann mit Baseballkappe und Schnurrbart, der den Blick auf den Boden gesenkt hat, während er spricht.

»Wir müssen den *wawas* Vertrauen geben, damit sie uns von ihren Problemen erzählen. Wir dürfen sie niemals schlagen oder kneifen.«

Die anderen kommen hinterher. Sie sagen einen Satz, reichen das Mikrofon weiter und die Assistenten von Mercedes geben ihnen einen Ball und die Karte für gute Erziehung.

»Wir müssen unsere kleinen *wawas* an der Hand zur Schule bringen.«

»Wir dürfen nicht so viel trinken, wir dürfen nicht betrunken nach Hause kommen.«

»Wir dürfen unseren Kindern keine schweren Aufgaben aufgeben.«

Drei Lehrerinnen: Maria, Maria und Maria. Ich darf sie begleiten, aber sie wollen nicht, dass ich ihre wahren Namen veröffentliche, sie wollen nicht zu viel Aufmerksamkeit erregen, sie wollen nicht, dass bekannt wird, dass sie hier herumlaufen und reden.

Diese Woche haben die Bergarbeiter weitere Straßensperren ausgerufen, und der Schulbus kann den Cerro Rico nicht befahren. Also gehen die Lehrerinnen zu Fuß den Berg hinauf und holen die Kinder ab. Wir erreichen ein niedriges Ziegelsteinhaus, das etwas solider ist als das von Alicia, aber auch auf einem Minenvorplatz steht.

»Miguelito! Miguelito, komm, wir bringen dir Lesen und Schreiben bei!«

Drei Lehrerinnen, und sie gehen nie allein auf diesen Berg.

»Miguelito!«

Eine Frau um die vierzig kommt heraus, sie trägt einen Rock, eine Schürze und eine Wollmütze. Hinter ihr rennt ein vierjähriger Junge in blauem Trainingsanzug und mit gelbem Hütchen auf die Lehrerinnen zu, springt und fuchtelt mit den Armen. Durch ein kleines Fenster im Haus blickt das Gesicht eines Mädchens im Teenageralter. Sie sieht uns schweigend an. Eine Lehrerin Maria geht zum Fenster, spricht kurz mit ihr und sie verabschieden sich sofort wieder.

Wir gehen weiter bergauf bis zu einem kleinen, hellen Gebäude, das von einer Ziegelmauer umgeben ist, um es vor Wind und Staub zu schützen, es wurde von Cepromin im Sektor La Plata gebaut. Es könnte um den Titel der höchstgelegenen Schule der Welt konkurrieren, da es auf etwa 4500 Metern steht. Hier werden die Kinder der Bergbaufamilien unterrichtet, aber es handelt sich nicht um eine offizielle Schule: Sie erhalten Förderunterricht, Hausaufgabenhilfe, Therapie, Essen, eine warme Dusche. An diesem felsigen Hang auf 4500 Metern Höhe, zwischen Trümmerpyramiden und Kratern, sieht es aus wie auf dem Mond.

»Das Mädchen, das am Fenster des Hauses stand, ist Carmencita«, erzählt mir die Lehrerin Maria. »Sie ist die Schwester von Miguelito. Sie verlässt nie das Haus, wenn sie Menschen sieht, die nicht zu ihrer Familie gehören. Sie wurde von einem Bergarbeiter vergewaltigt, schwanger und hat die Schule abgebrochen, weil sie sich für ihren Bauch schämte. Sie hat zu Hause entbunden, genau hier, und es war eine sehr komplizierte Geburt. Es ging ihr sehr schlecht. Jetzt bleibt sie immer zu Hause und kümmert sich um ihre *wawa.*«

»Wie alt ist sie?«

»Vierzehn.«

Carmencita, sagt die Lehrerin, sei sehr gut in der Schule gewesen. Sehr intelligent, sehr fleißig, sie wollte studieren, einen Beruf haben, sie wollte in der Stadt leben. Bis sie vergewaltigt wurde. Seitdem geht sie nicht mehr aus dem Haus.

Cepromin hat sich starkgemacht für diesen Fall. Die Direktorin Cecilia Molina suchte einen Anwalt für Carmencita, reichte Beschwerde ein und schrieb Briefe an die Justizministerin, um sie zu bitten, sich mit dem Fall zu befassen und Vergewaltigungen in den Minen nicht länger zu ignorieren. Sexuelle Straftaten sind so häufig, so akzeptiert in den Familien selbst, dass es kaum jemanden schockt, niemand sie anprangert und niemand ihnen nachgeht.

Es gelang ihnen, den ersten Prozess überhaupt wegen Vergewaltigung im Cerro Rico zu eröffnen. Der Richter befand den angeklagten Bergmann für schuldig und schickte ihn ins Gefängnis. Nach einer Vereinbarung mit Carmencitas Familie wurde er jedoch nach drei Monaten freigelassen. Der Vergewaltiger bat um Verzeihung und versprach etwas Geld zur Unterstützung der *wawa.*

»Es war schrecklich, sie haben die Vereinbarung vor lauter Angst akzeptiert. Carmencitas Vater ist Wächter in einer Mine, in derselben Genossenschaft wie der Vergewaltiger seiner Tochter. Und die Bergleute bedrohten ihn: Sie sagten ihm, dass sie ihn entlassen würden, dass sie ihn verprügeln würden, und eines Tages sagten sie ihm, dass, wenn er die Beschwerde nicht zurückziehe, sie ihn töten. Der Mann bat uns, die Beschwerde zurückzuziehen. Er kam in das Büro von Cepromin und flehte uns an. Er war völlig verschreckt. Er sagte, sie hätten ihm den bösen Blick geschickt, Hexerei, er schlafe nicht, sei krank. Schließlich bot der Anwalt des Vergewaltigers ihm einen Deal an, den er annahm. Es ist schrecklich: Wie kann es denn zu einem Vergleich zwischen Vergewaltiger und Opfer kommen, wenn das Opfer dreizehn Jahre alt ist, also noch nicht einmal volljährig?«

Es sei sehr wichtig gewesen, sagt Maria, dass das Gesetz endlich angewendet worden sei. Es zum ersten Mal eine Verurteilung des Schuldigen gegeben habe, einen Schutz für das Mädchen und seine Familie und ein Ende der Straffreiheit.

»Die Bergleute haben die Vorstellung, dass sie Frauen missbrauchen können, wann immer sie wollen, weil sie feiern und trinken gehen und ihnen danach ist. Das war schon immer so. Jeder sagt dir: Du weißt doch, Bergleute sind so. Wenn das, was sie tun, nicht zu schlimm ist, wenn sie ein Mädchen nicht verprügeln oder töten, passiert nichts. Sexueller Missbrauch wurde nie geahndet, weil die Polizei hier nie in die Minen kommt. Cerro Rico ist ein Gebiet ohne Gesetz.«

Zehn oder zwölf Teenagerinnen warten in einem Raum. Sie sind sehr warm angezogen – Jacken über dicken Pullovern, Schals oder ein Tuch, Wollmützen – und sie warten mit ernsten Gesichtern, sprechen kaum miteinander. Zu einem Aufklärungsworkshop sind sie gekommen. Die Atmosphäre ist angespannter als in anderen Räumen der Schule.

Die Lehrerinnen sagen mir, dass ich selbstverständlich nicht teilnehmen kann. Sie erklären, dass fast alle diese Mädchen von einem Familienmitglied missbraucht wurden: einem Onkel, einem Vater, einem Cousin. Das ist Tradition. Die Mütter selbst sagen ihren Töchtern in der Regel, dass sie nicht so viel Aufhebens um diese Dinge machen sollen, denn die Männer sind halt so. Drei der Mädchen wurden von Fremden angegriffen. Ich frage, was Angriffe meint, und sie sagen mir: sexuelle Belästigung, Berührung, Vergewaltigung. Die Lehrerinnen machen sich Sorgen über drei oder vier andere Mädchen, die um die fünfzehn Jahre alt sind und an den Wochenenden in die Kantinen im Bergbaurevier gehen, wo Männer ihnen Getränke kaufen, ihnen Geschenke machen, ihnen Geld geben und mit ihnen schlafen. Die Lehrer sprechen mit ihnen über ihre sexuellen Rechte, darüber, dass niemand sie zwingen kann, etwas zu tun, was sie nicht wollen, dass sie nicht einwilligen müssen, wenn ihr Onkel oder ihr Vater mit ihnen ins Bett steigt und sie berührt, dass sie das Recht haben, Nein zu sagen, wenn die Bergleute ihnen einen Teddybären, einen Schlüsselanhänger oder ein paar Bier schenken und ihnen anschließend sagen: »Komm, steig ins Auto, ich bring dich nach Hause.« »Wie hübsch du bist, lass uns irgendwohin gehen, wo es dunkel ist.« Manchmal passieren Mädchen hässliche Dinge und sie wollen es niemandem erzählen.

»Wir müssen diesen Teufelskreis durchbrechen, bei dem Mütter ihren Töchtern beibringen, dass diese Dinge eben passieren und dass man mit Beschwerden nicht übertreiben sollte. Zumindest bei dieser jungen Generation. Wir bitten sie, wenn ihnen etwas zustößt, wenn sie irgendwelche Ängste, irgendwelche Zweifel haben, es uns zumindest zu sagen.«

Auch Lehrerinnen haben ihre Ängste: vor den Bergmännern, unter deren Beobachtung sie stehen.

»Sie kennen uns. Ein Bergmann ist vielleicht mit einem dieser Mädchen halb verlobt, und dann kommen sie und sagen etwas Böses zu uns. Deshalb gehen wir nie allein in den Bergen. Wir gehen immer zu zweit oder zu dritt, denn die Bergleute kommen uns nahe und verfolgen uns, laufen uns hinterher, bedrohen uns, lachen uns aus.«

Den Lehrerinnen ist es wichtig, die Mädchen zu erziehen, aber das Wichtigste und ihrer Meinung nach Schwierigste sei es, die Jungen zu erziehen. »Einmal hatten wir die Idee, nachts zu den Mineneingängen zu gehen und dort Plakate zu kleben, damit die Bergleute sie am nächsten Tag sehen. Wir wollten auf die Plakate schreiben, dass Gewalt gegen Frauen ein Verbrechen ist, dass die Täter ins Gefängnis kommen können, nichts weiter. Dass Frauen das Recht haben, Nein zu sagen, und dass Männer das respektieren müssen.«

»Wir sind auch der Meinung, dass wir irgendwann ein Treffen mit den Bergleuten organisieren sollten, in die Mine gehen und ihnen mal ein paar Takte zu diesen Themen sagen sollten.«

»Aber das trauen wir uns noch nicht.«

Während des Workshops setze ich mich in einen leeren Raum, um meine Notizen in den Computer zu tippen. Kurz darauf kommt ein Junge herein und setzt sich an einen anderen Schreibtisch.

Johnny Oquendo ist fünfzehn Jahre alt und es fällt ihm sehr schwer, einfache Sätze zu schreiben. Er bittet mich um Hilfe für seine Hausaufgabe: einen Text zu verfassen über seine Arbeiten im Cepromin-Zentrum. Mithilfe anderer Jungen räumte er ein Gelände vor der Schule frei, baute ein Häuschen und malte es bunt an für die kleinsten Kinder, damit sie dort spielen. Jetzt soll er das in einem Text beschreiben und es fällt ihm schwer.

Johnny ist ein hochgewachsener, schlaksiger und zerbrechlich wirkender Teenager. Seine Mähne fällt diagonal über sein linkes Auge und verdeckt seinen Blick. Er schaut schüchtern, immer von unten nach oben. Er spricht sehr sanft, mit kaum hörbarer Stimme, die ein bisschen kräftiger wird, sobald wir das Schulgebäude verlassen und er mir stolz sein Werk zeigt: das zisternenförmige Kinderhäuschen aus Fiberglas, auf das er Fenster und Blumen gemalt hat und das er mit einer Hebetür versehen hat.

Wenn ich wolle, sagt er, könne er mir den Cerro zeigen. Er würde gerne Touristenführer werden. Und er kenne Orte für schöne Fotos.

Zuerst führt er mich zu einem Abladeplatz für Erze: ein Abhang mit losen Steinen und eingebauten Toren, die sich öffnen lassen, sodass die gesamte Ladung zu den wartenden Lastwagen hinunterrutschen kann. Oben führen Schienen aus einem Bergwerksschacht. Zwei Bergleute haben gerade eine Lore zu dem Ausgang geschoben und kippen nun das Gestein auf die Halde.

Am meisten beeindrucken Johnny die Risse und Krater. Wir befinden uns im oberen Teil des Cerro Rico, dem Teil, der am meisten von Steinschlag bedroht ist; hier sieht der Berg aus wie eine zerbröckelnde Sandburg, als ob beim nächsten Schritt uns die Erde verschlingen würde. In eines der Erdlöcher – vier oder fünf Meter im Durchmesser, drei Meter tief – ist eine halbe Straße abgerutscht. Die Geländewagen können sie umfahren, die Lastwagen nicht.

»Das hier ist neu. Früher war es nicht da, und eines Tages habe ich es so gesehen.«

Wir klettern über die losen Steine der Abraumhalde den Berg hinauf, denn Johnny will mir einen besonderen Aussichtspunkt zeigen, der einen Panoramablick über die Stadt Potosí erlaubt. Von hier oben kann man das barocke Zentrum sehen – die Kathedrale, die Dächer der Paläste, die Innenhöfe der Klöster, die Türme der Kirchen. Ringsherum die Viertel mit den dichtgedrängten niedrigen Häusern, den engen und langen Alleen, zwei Stadien, kein einziger nennenswerter Park. Und an der Peripherie die Barackensiedlungen. Die niedrigstehende Sonne um halb sechs am Nachmittag strahlt auf die Blechdächer: Die Barackenviertel sind die, die am hellsten leuchten.

Johnny zeigt auf ein Stollenmundloch hinter uns, ein Stück weiter oben am Hang.

»Warst du schon mal in der Mine?«, fragt er mich.

»Ja.«

»Ich mag das nicht, ich will da nicht reingehen.«

Als wir auf der Halde sitzen, erzählt Johnny, indem er Sätze aneinanderreiht, einen nach dem anderen, als wären es Kerne, die er erst aus der Hülse holen müsste. Er schaut beim Sprechen auf den Boden, hebt Kieselsteine auf und wirft sie durch die Luft.

»Meine Freunde haben von klein auf in der Mine gearbeitet. Manche haben mit zwölf angefangen. Schubkarren geschoben.«

»Und wie geht es ihnen jetzt?«

»Sie sind zufrieden, weil sie Geld verdienen, aber sie sind immer müde.«

Er spricht ein wenig, schweigt, wirft einen weiteren Kieselstein in hohem Bogen.

»Manche sind gestorben, schwere Steinplatten sind auf sie gefallen.«

»Freunde von dir?«

»Ein Cousin von mir.«

Noch ein Steinchen in der Luft.

»Fragen sie dich, ob du mitmachen willst, bieten sie dir einen Job an?«

»Ja, meine Freunde sagen mir immer, ich soll doch auch reinkommen, da verdiene ich Geld, aber ich lerne lieber. Ich möchte Arzt werden. Oder Anwalt.«

»Was magst du denn am liebsten?«

»Englisch lernen, um Astronaut zu werden«, sagt er und lächelt. »Na ja, um Touristenführer zu werden. Dann würde ich auch in die Mine gehen, aber nur, um sie den Touristen zu zeigen. Es kommen viele. Spanier, Franzosen, Amerikaner. Ich möchte Touristenführungen in der Mine machen.«

»Verdient man Geld mit Touristen?«

»Ich glaub schon, meinen Sie nicht? Aber ich will nicht drinnen arbeiten. Ich weiß, wenn ich jetzt damit anfange, habe ich mit 25 Jahren Silikose.«

Johnny wurde im Bergbaulager Siglo XX in Llallagua geboren. Sein Vater war Bohrarbeiter, aber er wurde entlassen, und vor ein paar Jahren zog die ganze Familie nach Potosí.

»Bohren ist die schlimmste Arbeit, weil man eine Menge Staub einatmet. Jetzt hat mein Vater die Grubenkrankheit. Er ist auch gelähmt, sein halber Körper ist gelähmt. Er ist immer im Bett und schaut Fernsehen.«

Weil er nicht krankenversichert ist, bringen sie ihn nicht ins Krankenhaus. Und zu Hause sei es nicht gut, sagt Johnny, denn zu eng und der Boden aus Erde, kalt.

»Wie ist dein Vater? Gut?«

Er wirft einen weiteren Stein den Hügel hinunter.

»Die Bergleute trinken viel. Sind gewalttätig. Mein Vater hat meine Mutter geschlagen, schlimm hat er sie geschlagen. Dann wurden wir Kinder größer und haben ihn nicht mehr machen lassen.«

In vielen Nächten träumt Johnny denselben Albtraum: Die großen Hände seines Vaters erscheinen vor ihm, nur seine Hände, die Hände eines Bohrarbeiters, die ihn schlagen.

»Bis ich zehn war, hat er mich viel geschlagen. Dann konnte er nicht mehr. Aber mir geht es schon nicht so gut. Mein Kopf funktioniert nicht so richtig.«

Zwei Tage später gehe ich zu Johnny nach Hause. Doktor Eduardo fährt seinen Geländewagen über die rasselnden Pisten des Cerro Rico, auf seiner Visite zu den Hütten mit Kranken. Er arbeitet für Cepromin. Begleitet wird er von Cecilia Molina, der Leiterin der Organisation, und mir.

»Der Ramiro, Johnnys Vater, ist schrecklich«, sagt Cecilia.

Ramiro arbeitete in den Minen von Llallagua und hatte kurz davor eine Frau von dort geheiratet. Aber er hat zwei seiner Cousinen vergewaltigt: Luisa und Elsa. Er schwängerte Elsa, woraufhin Ramiro seine Frau verließ und mit ihr zusammenzog. Aus dieser Schwangerschaft wurde Johnny geboren. Kurz darauf wurde Ramiro aus der Mine entlassen …

»Weil er eine Katastrophe ist, faul und gewalttätig.«

… und sie kamen von Llallagua nach Potosí. Hier bekamen sie noch vier Kinder. Ramiro arbeitete als Nachtwächter für eine Genossenschaft des Cerro Rico, bewachte zehn Jahre lang ein Bergwerk, aber auch da wurde er entlassen: Er war immer betrunken, verschwand, kümmerte sich um nichts.

Und als sie ihn rausschmissen, schmissen sie ihn auch aus dem Ziegelsteinhaus vor der Mine raus, wo er mit Elsa und den fünf kleinen Kindern lebte. Es gab nur einen Ort, an den sie gehen konnten: das Haus von Luisa, der anderen Cousine, die Ramiro in Llallagua vergewaltigt hatte und die auch auf den Cerro Rico von Potosí gezogen war, um mit einem anderen

Bergarbeiter zu leben. Das Paar hatte ebenfalls bereits fünf Kinder.

»Stell dir mal vor«, sagt Cecilia. »Zwei Paare und ihre zehn Kinder, in einem kleinen Haus von dreißig oder vierzig Quadratmetern. Alle haben in zwei großen Betten geschlafen.«

Hinter einer Kurve taucht das Haus auf, inmitten von Schutthaufen. Ein Ziegelhaus, kürbisfarben gestrichen und mit einem Blechdach. Darauf eine Menge Steine, damit es nicht vom Wind wegfliegt. Auch eine Fernsehantenne ist da. Und über ein Kabel ist das Haus mit den Masten verbunden, die den Strom zu den Bergwerken leiten. Rundherum breitet sich eine Müllhalde aus: das verrostete Fahrgestell eines Geländewagens, Plastikfässer, aufgeschlitzte Matratzen, alte Reifen, Pappe, Bretter, zerbrochene Ziegelsteine, irgendein Plastikspielzeug. Zwei Hunde schnüffeln durch den Dreck.

An der Rückseite des Hauses ist eine armselige Hütte angebaut. Sie verdient nicht einmal die Bezeichnung »Hütte«: Es ist eine Art Iglu aus aufgetürmten Steinen, mit Plastikhüllen und schmutzigen Planen, um die Risse zu verdecken. Es ist anderthalb Meter hoch, mit einer Fläche von etwa zwölf bis fünfzehn Quadratmetern.

»Jetzt leben sie dort«, erklärt Cecilia. »Diese Hütte hat der Ramiro gemacht für sich und Elsa mit den fünf Kindern, um nicht mehr in dem Haus von Luisa zu sein.«

Doktor Eduardo parkt zwanzig Meter vor dem Steiniglu.

»Der Ramiro ist faul«, sagt Cecilia, bevor sie aus dem Jeep aussteigt. »Wir haben ihm angeboten, ihm beim Bau eines Ziegelhauses zu helfen, und waren bereit, ihm die Hälfte des Materials zu bezahlen, aber das wollte er nicht. Er sagte, es gebe genug Lehm. Nicht einmal Lehmziegel hat er hergestellt, sagte, dass sie sich auflösten, wenn es regne, sagte, er sei zu müde …

Und dann hat er einfach die Steine aufeinandergeschichtet, und das war's. Jetzt ist er krank und bewegt sich kaum noch. Immerhin schlägt er seine Frau jetzt nicht mehr und missbraucht die Mädchen nicht. Seine Töchter und Nichten ließ er, sobald sie acht oder zehn Jahre alt waren, Pornofilme anschauen, um sie vorzubereiten. Dann hat er sie missbraucht.«

Aus dem Ziegelhaus kommt Elsa, die Mutter von Johnny. Sie stillt ein drei Monate altes Baby, das fünfte Kind, das letzte des sterbenden Bergmanns. Hinter ihr kommt Luisa, die andere Cousine, schwanger mit ihrem sechsten Kind. Es sind zwei mollige Frauen, deren Haut von der Sonne und dem Staub verbrannt ist. Johnny ist nicht zu Hause.

Der Arzt fragt die Frauen, wie es Ramiro geht.

»Ihm geht es ganz schlecht, Doktor«, antwortet Elsa. »Früher ging er noch ein bisschen raus, lief herum und setzte sich dort auf den Felsblock. Aber jetzt bewegt er Arme und Beine nicht mehr. Seit zwei Wochen steht er nicht aus dem Bett auf. Ich ziehe ihm die Windel an, aber er wird wütend und zieht sie aus. Keine Chance. Er macht ins Bett.«

Der Arzt geht zum Steiniglu, öffnet die Klappe, die als Tür dient, und betritt die Dunkelheit. Elsa folgt ihm. Wir anderen warten auf der Schwelle. Ein schwerer, säuerlicher Geruch weht uns an. Als sich meine Augen an die Dunkelheit gewöhnen, kann ich ein Bett und das Gesicht eines kranken Mannes zwischen den Decken erkennen. Ich sehe Ramiros geschwollenes Gesicht, vom Schweiß verklebte Haare, die Wangen nass, der Mund zu einer panischen Grimasse verzogen. Als er den Arzt erkennt, stöhnt Ramiro.

»Ich will nicht sterben, Doktor, haben Sie Erbarmen mit mir!«

Schrill und lange schreit er, bis er nach Luft schnappt und hustet. Wenn er seine Lungen mit unerträglicher Anstrengung ausdehnt und wieder atmet, schluchzt und weint er leise. Von der Tür aus sehe ich die Hand, von der Johnny träumt, eine große Bohrarbeiterhand, die durch die Embolie gelähmt ist und auf eine Seite des Bettes gefallen ist, groß, geschwollen, lila.

»In großer Angst leben wir«, sagt Elsa, Johnnys Mutter, die auf einem Stein sitzt und ihr Baby stillt. »Alles bekommen wir hier auf dem Cerro zu sehen, Einbrüche und Streits gibt es ständig, und uns beschützt niemand.«

»Vor ein paar Tagen kam ein Mädchen angerannt. Sie kam hier entlang, auf dem Weg und schrie«, sagt Luisa, Johnnys Tante. »Sechzehn Jahre alt oder so war sie. Erzählte uns, dass sie von einigen Bergleuten in einem Auto verfolgt wurde und dass sie sie umbringen wollten. Lauf bloß runter, lauf runter, denn hier auf dem Berg wird dir niemand helfen. Und ja, wie viele wollen sie dich bloß vergewaltigen.«

Doña Rosa, Alicias Mutter, verbrachte eine Nacht in der Stadt, im Haus ihrer ältesten Tochter. Am nächsten Morgen ging sie wieder den Berg hinauf und sah, dass Alicia und Evelyn nicht da waren. Auf dem Couchtisch sah sie ein Glas mit Blutflecken darauf.

»Ich hatte solche Angst, mein Gott.«

Sie rannte los, um Alicia und Evelyn zu suchen, und fand sie im Haus von Tante Lorena. Es ging ihnen gut, aber sie hatten große Angst.

»Das Blut auf dem Glas war nicht von uns«, erzählt Alicia. »Wir haben geschlafen und da hörten wir ganz nah ein Auto. Das Auto hielt an und ich hab einen Schreck bekommen. Bin aufgestanden. Wir haben Männer gehört, die laut geschrien haben. Sie blieben nicht lange, dann haben sie die Türen wieder zugeschlagen und sind weggefahren. Dann bin ich rausgegangen und hab gesehen, dass sie etwas auf den Weg geworfen haben, etwas Seltsames, wie eine große weiße Tasche. Ich hab mir den Helm aufgesetzt und bin mit der Lampe da hingegangen.«

Das Bündel war ein Mädchen, fünfzehn oder sechzehn Jahre alt. Sie hatten sie gefesselt, in einen der Säcke gesteckt, mit denen man Erz transportiert, und sie auf dem Berg abgeworfen. Alicia sah, dass sie fast nackt war, an Händen und Füßen gefesselt und stark aus ihrem Mund blutete. Mehrere Zähne hatten sie ihr ausgeschlagen.

»Ich bin ins Haus gegangen, um ein Messer zu holen, und hab ihr die Fesseln gelöst. Dann hab ich ihr ein Glas Wasser gegeben. Sie hat getrunken und das war das Blut an dem Glas, das meine Mutter gesehen hat.«

Alicia lief zum Haus ihrer Tante. Sie alarmierten andere Wächterinnen, die schnell herunterkamen und sich um das Mädchen kümmerten. Sie gab an, ein Mann habe sie von der Diskothek mit dem Auto mitgenommen und dann seien weitere Männer eingestiegen.

»Mehr hat sie nicht gesagt. Sie war völlig verschreckt und konnte nicht sprechen.«

Einige Wächterinnen begleiteten das Mädchen den Berg hinunter zur Polizeistation im Bergbaurevier. Von da an geriet die Sache schon in Vergessenheit.

»Ein paar Tage später kam eine Dame, die Assistentin des Staatsanwalts«, sagt Doña Rosa, »und hat uns gefragt, was passiert sei. Wir haben es ihr erzählt und sie sagte, wir müssten in die Stadt runterkommen, um auszusagen. Aber wir sind nicht hingegangen, denn dann kamen zwei Bergleute und meinten, sie kennen uns und wissen, dass wir hier wohnen, und wir sollten bloß nichts melden. Ich glaube, sie gehörten zur Familie der

Männer, die das Mädchen verprügelt haben. Das hat uns freilich Angst gemacht. Hier kommt nie Polizei her, alleine sind wir hier. Nachts kommen die Bergleute mit ihren Autos hierher, sie trinken viel und dann kommen sie mit ihren Autos, kippen sie um, streiten sich. Sie kommen her, um sich irgendein Mädchen zu suchen. Uns ist angst und bange. Deshalb haben wir immer unsere Hunde und Dynamitpatronen dabei, um uns zu verteidigen, wenn sie kommen. Wenn sie näher kommen, werfen wir das Dynamit. Vor ein paar Tagen, als wir schliefen, hämmerte ein Mann an die Tür. Sehr betrunken war er. Ich rief meine Schwester an, die mit anderen Frauen kam. Sie haben ihn angeschrien, mit Dynamit nach ihm geworfen und der Mann machte sich davon.«

Adalberto Miranda zeigt auf den Turm der Kirche La Concepción, der rissig ist und krumm. »Der fällt bald um. Bei den nächsten Regenfällen fällt er uns um.«

Adalberto ist einer dieser ruhigen, resignierten Männer, den nichts mehr empört, der das Unglück gut kennt, der es fast zu akzeptieren scheint, es schließlich aber dennoch nicht tut. Adalberto – mit Siesta-Augen, dickem Schnurrbart, die Hände auf dem Bauch verschränkt – setzt sich auf eine Bank auf dem Platz und meint, wir sollten uns auch das Krankenhaus ansehen, das kleine Krankenhaus neben der Kirche, und dort würden wir jeden Augenblick irgendein Auto mit verletzten Bergleuten ankommen sehen.

Es ist ein klarer Nachmittag, heute ist es windstill, sehr schön in der Sonne.

Ich habe Adalberto kennengelernt, weil Alicia mit ihm reden wollte und ich sie begleiten durfte. Wir drei nahmen also Platz auf der Bank, zwischen dem einsturzgefährdeten Turm und dem

Krankenhaus, das bald verletzte Bergleute aufnehmen würde. Adalberto ist Präsident des Nachbarschaftsvereins des Viertels von La Concepción, eines Bergbauviertels im obersten Teil von Potosí, wo die asphaltierten Straßen enden und die Wege nach oben auf den Berg beginnen. Alicia ist Vorsitzende der Vereinigung der Kinderarbeiter in Cerro Rico. Sie hat ihm einen Plan unterbreitet: gemeinsam zu den Ämtern der Stadtverwaltung zu gehen und ihnen vorzuschlagen, in der Nachbarschaft Arbeitsplätze für hier lebende junge Leute aus Bergarbeiterfamilien zu schaffen. Sie könnten doch in diesem vernachlässigten Viertel die Straßen und Plätze sauber halten und instand setzen. Adalberto gefällt die Idee. Alicia sagt, dass einige junge Menschen solche Jobs wollen, andere wiederum nicht: Sie wollen nicht weg aus der Mine.

»Na klar, wer will schon nicht Bergmann sein«, sagt Adalberto. »Wenn ein Möbelpacker in acht Stunden dreißig Bolivianos verdient und ein Bergarbeiter für das Schieben einer Lore in vier Stunden hundert. Mit Bergbau kannst du viel Geld machen. Ah, aber den fünfzigsten Geburtstag erlebst du als Bergarbeiter nicht.«

Ich frage Alicia, ob das der Fall ist, ob es wirklich die Löhne sind, die die Kinder locken, schließlich verdiene sie ja vier oder fünf Mal weniger als ein Erwachsener für dieselbe Arbeit.

»Ja, aber bei den Jungen ist das anders, wenn sie sechzehn oder achtzehn sind, zahlt ihnen die Genossenschaft schon mehr. Wie einem Erwachsenen. Sie helfen zum Beispiel dem Bohrarbeiter und verdienen so mehr Geld.«

»Und die Gefahren machen ihnen nichts aus?«

»Nun ja, sie sind stolz darauf, Bergmänner zu sein. Sie sind gern wie ihre Papas, fühlen sich tapferer, stärker. Und weil sie Geld verdienen, haben sie auch zu Hause das Sagen.«

»Und dein Bruder?«

»Ja, ein bisschen ist es schon so. Er kommt nach Hause und sagt meiner Mutter, sie soll ihm Essen machen und seine Kleider waschen. Er verdient Geld und kauft sich gute Klamotten, geht mit seinen Kumpels auf Partys, und wenn er nach Hause kommt, hat er gern das Sagen. So sind die Bergleute. Manchmal streite ich mich mit ihm, aber egal, wir lieben uns trotzdem.«

Keine zwanzig Minuten später fährt ein Lieferwagen vor, aus dem drei Männer aussteigen. Einer von ihnen humpelt in das Krankenhaus und stützt sich auf die Schultern seiner beiden Begleiter.

»Dieser hier ist ein leichter Fall«, sagt Adalberto. »Jeden Tag kommen acht oder zehn Verletzte wegen Unfällen an. Manche mit schrecklichen Wunden an den Armen, blutüberströmt, bewusstlos ... Hier sterben jede Woche Männer im Alter von zwanzig oder dreißig Jahren, sogar fünfzehnjährige junge Burschen. Letzten Monat kam ein kleiner Junge aus dieser Straße in der Mine ums Leben. Er stieg die Leiter eines Brunnens hinab, ein großer Stein fiel auf ihn, und er fiel bis auf den Grund, ich weiß nicht, wie tief. Zerfetzt war er.«

Adalberto sieht ruhig aus, aber er schnaubt, spricht langsam und mit leiser Wut.

»Schrecklich sind sie. Ihnen geht es nur ums Geld. Viele von ihnen sind Bauern, die für kurze Zeit hierherkommen, um so viel wie möglich zu verdienen, und sie wollen keine Krankenversicherung oder irgendetwas anderes, sie wollen das gesamte Geld einstecken. Sie stellen vier Hölzer in den Stollen und das war's, sie gehen rein, ohne auch nur nachzudenken. Wenn sie eine Familie haben, geben sie das Geld nicht etwa für ein gutes Haus aus. Sie zahlen Miete für ein winziges Zimmer und wohnen dort, alle zusammengepfercht in schrecklichen

Bruchbuden. Diejenigen, die viel Geld verdienen, kaufen sich Geländewagen. Hast du gesehen, was für riesige Geländewagen es in dieser Gegend gibt? Aus Japan werden sie hergeholt, kosten dreißig- oder vierzigtausend Dollar. Sie haben kein Haus, aber sind verrückt nach einem Auto. Das ist ihr verfluchter Stolz. Und Fatalismus. Sie sind ungemein fatalistisch, und das ist auch ganz normal: In der Mine können sie jederzeit sterben, also geben sie das Geld, das sie bekommen, aus, für Autos, Alkohol, Huren und Partys. Den Karneval hier haben Sie noch nicht gesehen. Ein Vermögen geben die Leute aus. Die besten Musikgruppen aus La Paz holen sie her, kommen verkleidet den Cerro Rico herunter, tanzen, saufen, feiern verrückte Partys. Und jeden Freitag machen sie auch Party, weil Zahltag ist: Als ganze Bande gehen sie dann ins Bordell, machen es dicht, damit sie es für sich allein haben, und bleiben drei Tage lang dort. Hintendran kommen die Diebe, um die betrunkenen Bergleute auszurauben, die immer ordentlich Geld dabeihaben, und es kommt oft zu üblem Streit. Wir bleiben zu Hause. Wir sagen den Mädchen, dass sie am Freitag und Samstag bloß nicht allein auf die Straßen gehen sollen.

Am Samstag kommen dann die Ehefrauen der Bergleute mit kleinen Kindern an der Hand und suchen in den Kneipen nach ihren Männern. Sie bitten sie um Geld, um auf den Markt zu gehen. Und in der Regel gibt es Geschrei und Streit.

Das ist das Bergarbeiterleben. Geld verdienen und versaufen, Geld verdienen und versaufen, bis sie sterben.«

Die Bergleute müssen einander einladen, wenn sie gutes Geld verdienen. Es ist Geld, das sie dank der magischen Hilfe des Tío verdient haben, und sie müssen es irgendwie mit ihren Kameraden teilen, Runden ausgeben, gute Partys geben, denn wenn die Reichtümer des Tío nicht zirkulieren, wird dieser wütend und bringt Unglück. Das Flöz versiegt, der Bergmann wird krank oder jemand stirbt.

Adalberto erzählt, wie einer seiner Cousins in der Mine viel Geld verdient hat, drei Busse kaufte und ein kleines Transportunternehmen gründete. Einer der Busse stürzte ab und ein Fahrgast starb. Und sie sagten ihm, dass dies die Strafe sei, weil er das ganze Geld für sein Geschäft behalten hatte und weil er, als er das Flöz fand, nicht mit seinen Kumpels feierte. Adalberto lächelt schief.

»Reine Märchen.«

Dann zeigt er auf den brüchigen Turm, die Gräben voller Müll und die kaputten Laternen.

»Das Geld, das der Cerro gibt, wird für Partys, für Autos und für nichts anderes ausgegeben. Diese Stadt wird zu einem reinen Lager. Schauen Sie sich das Gebiet von Pailaviri an: Vorher war da die Fabrik, die Häuser, die Läden, es war Leben. Dann wurde die Fabrik dichtgemacht, und jetzt gibt es nichts mehr, nur noch Ruinen. Die Bergleute leisten keinen Beitrag für die Gemeinschaft. Sie schöpfen alles ab, nehmen alles und lassen nichts übrig. Vom Bergbau kommen nur Strafen. Wir haben die Gewalt, die Umweltverschmutzung, wir haben die Maschinen mitten im Viertel, genau zwischen unseren Häusern. Wenn das Erz verarbeitet wird, wird eine Menge Staub freigesetzt. Es ist wie giftiger Nebel.«

Die Nachbarn protestieren. Sie haben Kopfschmerzen, Atemnot, werden krank von so viel Dreck in der Luft; sie fordern von den Genossenschaften, dass sie die Maschinen in einem Schuppen laufen lassen, damit der Staub nicht austritt, dass sie die Ladeflächen der Laster abdecken, beregnen. Aber sie tun nichts, und niemand zwingt sie, sich an das Gesetz zu halten.

»In Potosí gibt es kein anderes Gesetz als das der Bergarbeiter«, sagt Adalberto. »Und wenn der Bergbau zu Ende ist, wird die Stadt verschwinden. Wir haben die Mine seit fünf Jahrhunderten, und in diesen fünf Jahrhunderten wurde nichts getan, um neue Arbeitsmöglichkeiten zu schaffen. Keine einzige Fabrik haben wir im ganzen Departement. Nur die Bierfabrik, die Zementfabrik und die Nudelfabrik, und die auch nur, weil ein spanischer Geschäftsmann sie hingesetzt hat. Es gibt zwar Tourismus, aber das Geld fließt an einige wenige Agenturen im Zentrum. Im Rest der Stadt haben wir nichts. In den nächsten zwanzig Jahren wird es mit den Minen zu Ende gehen, der Cerro wird auf uns herabstürzen und übrig bleibt eine einzige Ruine.«

Einer der Bergleute, die den Verletzten begleiteten, kommt aus dem Krankenhaus heraus, um den Lieferwagen wegzufahren. Er blickt zu uns, streckt einen Daumen hoch und lächelt. Anscheinend nichts Schlimmes.

»Hurensöhne!«

Pedro Villca schickt Beleidigungen zum Gruß an drei Bergleute, die an der Kreuzung der Stollen auftauchen und eine Lore schieben. Sie beleidigen ihn auch und lachen. Den Morgen haben sie damit verbracht, Tonnen von Steinen zu schaufeln, und jetzt machen sie eine Pause.

»Das ist Dominguito, Innenminister«, sagt Villca zu mir, während er einem anderthalb Meter großen Bergarbeiterveteranen auf die Schulter klopft. Seine Augen sind gerötet, er lächelt und zeigt dabei ein paar von Kokablättern grün gefärbte Zähne. »Wir nennen ihn Innenminister, weil er dreißig Jahre schon im Inneren der Mine arbeitet.«

Die drei Bergleute schlurfen in eine geräumige Höhle mit kupfer- und schwefelfarbigen Stalaktiten, deren Wände von Quarz-, Pyrit- und Zinnadern durchzogen sind. In einem erstickenden Dunst reflektiert das Licht ihrer Stirnlampen.

Der Zweite der Bergleute heißt Félix. Seine Hände sind voll grauem Schlamm. Er geht in die Hocke, taucht seine Hände in ein Becken aus *copajira* und reibt sie aneinander. Dann geht er ein paar Schritte weg, dreht sich zur Wand hin und pinkelt erst auf die eine und dann auf die andere Hand.

»Um die *copajira* loszuwerden, die die Haut verbrennt«, erklärt mir Villca, der sich über mein Erstaunen amüsiert.

Félix lächelt und wischt sich die Hände an seiner Hose ab. Er hat schräge Augen, hervorstehende Wangenknochen, das Gesicht eines auf frischer Tat ertappten Kindes, halb belustigt, halb verschämt. Er spricht wenig, und das wenige kostet ihn Mühe. Vor zwei Jahren, im Alter von 23 Jahren, kam er in die Mine von Potosí, und am Anfang sprach er nur Quechua und hier und da ein Wort Spanisch. Auf dem Land weidete er Kühe, Schafe und kümmerte sich um Schweine; seine Familie baute Kartoffeln, Bohnen und Weizen an. Aber zehn Geschwister waren sie und die Felder reichten nicht für alle aus. Manchmal mussten sie hungern. Und in der Mine lässt sich gut verdienen.

»Man wird bald krank, aber man verdient gut.«

Wenn die *copajira* einige Stellen überflutet, müssen die Bergleute Kanäle graben, um sie zu entwässern. Tun sie es nicht rechtzeitig, bildet sich eine Schlammmasse, die später austrocknet, auch auf den Schienen fest wie Stein wird, und die Metallwaggons können nicht mehr passieren. Dann muss der harte Schlamm mit der Schaufel aufgebrochen, beseitigt und der Boden geebnet werden.

»Was für ein Mist« sagt Luis, der dritte Bergmann, um die vierzig, hängende Augen mit tiefen Ringen darunter, Gewerkschaftsschnurrbart. »Manchmal muss man auch die Schienen auswechseln, weil die *copajira* sie verbogen hat, so wie unsere Finger, sehen Sie?«, und er lacht. »Aber die Schienen sind alt, sie sind schon wie mit dem Boden verschmolzen, es ist schwer, sie auszutauschen. Viel Kraft braucht man dazu.«

Die Bergleute nehmen ihre Helme ab, ziehen Gummistiefel, Jacken und Hemden aus und sind oben nackt. Sie sind klein und dünn, mit einem seltsamen bronzenen Kinderkörper, der ab der Brust bis hin zu den Schultern und den muskulösen Armen breiter wird. Sie breiten Leinensäcke auf dem Boden aus und legen sich hin. Sie spucken die verbrauchte Kokakugel in ihrer Backe aus, spülen mit kaltem Tee aus ihrer Thermoskanne nach und fangen an, aus einer Plastiktüte frische Blätter herauszuholen. Sie entfernen die Blattadern und tun den Rest in ihren Mund, zusammen mit der *llicta*, einer kleinen Tablette aus Pflanzenasche, die die chemische Reaktion auslöst, damit die Blätter beim Einspeicheln ihre Alkaloide, einschließlich Kokain, absondern.

Den Arbeits- und Pausenrhythmus gibt die Koka vor: Alle drei bis vier Stunden, wenn die Pflanzenkugel auszutrocknen beginnt und keine Stimulanzien mehr absondert, spucken sie sie aus und es ist Zeit, aufzuhören.

»Koka vertreibt Müdigkeit, Hunger und Durst«, sagt Villca. »Tröstet den Kummer. Und wärmt das Herz.«

Luis holt eine Halbliterplastikflasche hervor.

»*El quemapecho*, der Brustbrenner«, sagt er zu mir, nimmt einen Schluck und reicht ihn an seine Kumpels weiter. Auf dem Etikett steht: »Trinkbarer Alkohol Guabirá, 96 Prozent. Guter Geschmack.« Er trinkt, ohne abzusetzen. Reicht mir die Flasche und ich tue, als ob ich trinke, dabei befeuchte ich nur meine Lippen. Er lacht.

Koka, Zigaretten und Brustbrenner: der Treibstoff der Bergleute, der sie sechs, sieben, acht Stunden arbeiten lässt, ohne einen Bissen zu essen.

»Hier drinnen sind die Lebensmittel vergiftet. Es ist besser, nichts zu essen«, erklärt Félix.

»Das ist auch noch egal, Mann. Eher stirbst du eh an der Grubenkrankheit«, antwortet Villca und bricht in Gelächter aus. Dann erklärt er mir die Dinge, wie sie sind. »Nach acht oder zehn Jahren Arbeit hat der Bergmann bereits die Berufskrankheit. Wenn er Genossenschaftsmitglied ist, bekommt er Rente. Aber manchmal sagt ihm die Versicherung, dass es sich nicht um Silikose handelt, und er muss weiterarbeiten, und wenn er dann stirbt, wird eine Autopsie gemacht und sie holen Kugeln mit Mineral aus seiner Lunge, einfach so, mehrere Handvoll.«

Einige Bergleute ziehen sich wegen Silikose zurück, sie kommen nicht mehr in die Mine und die Leute glauben, sie seien gestorben.

»An einem Sonntag fuhren wir nach Sucre, ins Stadion, wo Real Potosí und Universitario de Sucre gespielt haben. Wir sind auf die Tribüne gegangen und ein Kollege sagte: ›Sieh mal da drüben, das ist Juan, sie haben doch gesagt, der ist tot!‹ Und dort drüben war ein anderer Bergmann und wir dachten auch, der ist tot, und noch einer und noch einer ... Viele, die wegen Silikose aufhören, werden nach Sucre geschickt, weil es niedriger gelegen ist und ein besseres Klima hat, da kaufen sie sich ein kleines Haus und leben dort im Ruhestand. Wir waren also im Stadion von Sucre und die Tribüne war voll mit toten Bergarbeitern, alle Bergarbeiter waren da und feuerten Real Potosí an.«

»Einige der Toten verschwinden aber wirklich«, sagt Dominguito, der Innenminister. »Wenn es einen großen Steinbruch gibt, ist es unmöglich, die Leichen zu finden. Manchmal taucht ein Arm auf und sie nehmen ihn mit, um ihn zu begraben. Oder ein Kopf.«

Villca, Luis und Dominguito gehen alte Geschichten durch, die seit Jahrzehnten – oder Jahrhunderten – unter Tage im Umlauf sind. Der junge Félix hört zu und knetet Koka.

»Hier in der Nähe wurde ein Bergmann von einer Steinplatte zerquetscht«, fährt Dominguito fort. Sie fanden einen Arm, der aus dem Boden ragte. Die Leiche konnten sie nicht herausholen, also schnitten sie den Arm ab und nahmen ihn mit, um ihn zu beerdigen. Einige Tage später war ein Bohrarbeiter nachts allein. Und auf einmal hörte er Geräusche. Er ging nachsehen, wer da im Stollen umherlief, und sah einen Bergmann, der in der Hocke mit der Lampe etwas suchte, und fragte ihn: »Was zum Teufel suchst du denn?« Der Bergmann stand auf: Er war einarmig. »Ich suche meinen Arm, Mann!« Es war der von der Steinplatte Erschlagene. Der Bohrarbeiter lief schreiend davon. Am nächsten Tag ging er mit weiteren Kollegen wieder hinein, den Toten aber sahen sie nicht mehr. Dafür entdeckten sie genau an der Stelle eine sehr gute Ader.

»Wenn Geister in einem Stollen umherwandern, sagt man, dass bald die Ader auftaucht«, erzählt Villca. »Hier drinnen befinden sich schwere Stollen, Stimmen hört man. Es heißt, das sind die Toten, die nachts arbeiten. Man muss sie in Frieden lassen.«

Ich frage sie, ob die Stimmen, die sie hören, nicht von dem Brustbrenner sind.

»Jaah, viel Alkohol trinken wir in der Mine«, sagt Dominguito und lacht. »Und wenn wir trinken, wissen Sie, treffen wir uns mit dem Tío, dann reden wir miteinander.« Hier drinnen im Berg sprechen wir über viele Dinge, über die man draußen nicht spricht. Alles Mögliche sagen wir. Wir werden sehr wild, stark, um zu schuften, und auch streitlustig, manchmal gibt es Streit, und schuld ist der Schnaps. Wenn wir trinken, werden wir ein bisschen wie der Tío: wild, raufsüchtig.«

Dominguito kam mit zwölf Jahren nach Potosí. Auch seine Familie pflanzte Kartoffeln auf dem Land an, und er hütete Schafe und Lamas, sagt er, aber es war ein elendes Leben. Er kam in die Mine und hat sein weiteres Leben hier drinnen verbracht, indem er alles gemacht hat: Steine mit dem Hammer und der Hacke aufbrechen, wie eine Ratte die Waggons gebückt schieben, dem Bohrarbeiter helfen.

»Jede Menge Staub hab ich eingeatmet«, sagt er.

Er räuspert sich und hustet oft.

»Das Gefährlichste für die Gesundheit ist der Rückzug. Denn wir Bergleute sind an diese Grubenluft gewöhnt, sie ist das, was uns am Leben hält, als ob der Tío uns seinen Atem, seine Energie gibt, nicht wahr? Draußen ist es anders, die Luft da draußen ist für die Bergleute schon andere Luft, an die sie nicht gewöhnt sind. Die, die aufhören zu arbeiten, die nicht in die Mine zurückkehren, sind es, die sterben, nicht wahr?«

Villca, alter Bergmann, der versprochen hat, die Mine zu verlassen, weil er mit 59 Jahren schon lange genug mitgemacht hat, bewegt die Kokakugel in seiner Wange und sieht Dominguito an, ohne etwas zu sagen.

»Diese Geschichten erzählen wir«, fährt Dominguito lächelnd fort. »Dass der Tío uns nach so vielen Jahren in der Mine zu seinem Eigentum macht, dass wir seinen Geist bereits in unserem Blut tragen, wir sind schon wie ein Teil von ihm, nicht wahr?«

An der Wand der Grotte sehe ich zwei Figuren, die in ein Stück glatten Fels gehauen sind: zwei sehr grobe Körper nackter Frauen, mit großen Titten und großen Vulvas.

»Und das da? Wer ist der Künstler?«

Alle lachen, Dominguito erklärt.

»Das ist für den Tío, zum Einheizen. Damit er geil wird, Pachamama schwängert und uns das Erz schenkt.«

»So wie für die Katholiken der Wein das Blut Christi ist, so ist für die Bergleute der reine Alkohol das Blut Christi. Der Urin des Tíos«, schreibt die Anthropologin Pascale Absi in ihrem Buch *Les ministres du diable*.

Ich erinnere mich an den Alkohol, den Villca in den Mund des Tíos goss und der dann aus dem Penis spritzte.

Wenn die Bergleute betrunken sind, sagt Absi, verändern sie sich in ihrem Wesen. »Sie sind halb Mensch, halb Teufel: Sie sind keine Menschen mehr. Diese Auffassung von Trunkenheit negiert die Verantwortung des Einzelnen. Dem Willen des Tíos unterworfen, sind die betrunkenen Bergleute nicht mehr für ihre Handlungen voll verantwortlich.« Der Tío präsentiert sich mit einem großen erigierten Penis und ungezügeltem sexuellem Verlangen. Die Pachamama ist der Berg, eine Frau, der die Bergleute ihre sieben Röcke hochheben müssen, einen nach dem anderen, die sie mit den Bohrern penetrieren müssen, um an den verborgenen Schatz zu gelangen.

Absi zitiert diese Aussage eines Bergarbeiters:

»Wenn der Bergmann ein wenig betrunken ist, kniet er fromm nieder, nimmt seinen Hut ab und sagt: ›Mamita mía, jetzt werde ich dich durchbohren, Pachamama, jetzt werde ich es dir geben. Wenn du mir nichts gibst, werde ich dir nichts geben. Ich hebe deinen Rock hoch und schiebe dir Dynamit rein, gib mir deine kleine Vagina‹, sagen sie ihr. Das hat mir noch nie gefallen, aber die Bauern glauben daran. Heiß sind sie, wenn sie in die Mine gehen, und sagen ihr: Gib mir deinen Arsch. Schimpfwörter sagen sie manchmal zu ihr: Scheiße, Alte, du Hure, heb deinen Rock hoch, ich will in dich rein. Sie aber wählt den Mann, den sie will. Ein Bergmann sehnt sich nach Erz, und es ist nicht für ihn. Da kommt ein anderer vorbei und findet es. Das ist, was passiert. Mit einem Mädchen ist es dasselbe: Egal wie sehr du sie liebst, wenn sie dich nicht liebt, kannst du nichts machen. Und wenn man seiner Frau am meisten vertraut, tut sie dir in dem Moment, wo du es am wenigsten erwartest, das an – der Bergmann simuliert mit seinen Fingern ein paar Hörner. Mit dem Erz ist es dasselbe, es kann jeden Moment mit einem anderen gehen.«

In der Mine, schreibt Absi, können sich die Bergleute in ein teuflisches Alter Ego verwandeln und Besitz von den Frauen ergreifen. Das seien nicht sie, behaupten sie. Es sei der Tío, der ihren Geist lenkt.

Doña Rosalía Aguilar ist Wächterin eines Stollenmundlochs des Cerro Rico, Witwe eines Bergmanns und Mutter von sieben Kindern.

»In Pailaviri gab es ein junges Mädchen, das einige Tage lang in das Bergwerk ging, um Loren zu schieben. Etwa zwanzig Jahre alt war sie. Einmal setzte sie sich in einen Tunnel, um sich auszuruhen, und schlief ein. Einen schlimmen Traum hatte sie. Sie träumte, dass sie von einem Mann missbraucht wurde, sie wachte schreiend auf, aber niemand war da. Einige Zeit verging und sie sah, dass sie schwanger war. Das Baby wurde geboren, und es war nicht normal, es hatte lange Ohren, mit Spitzen nach oben, unheimlich war es. Das *wawa* ist bald gestorben. Sie sagen, es war ein kleines Wesen des Tío. Der Tío nutzt es aus und nimmt sich die Frauen, wenn sie in die Mine gehen.«

Frauen dürfen nicht in die Mine gehen, sagen die Bergleute, weil die Arbeit sehr hart ist, weil sie Unfälle erleiden können und weil sie vor Vergewaltigungen geschützt werden müssen.

Sie dürfen nicht hinein: Es ist zu ihrem Besten.

Absi erklärt, dass Frauen in der Kolonialzeit und auch bei Privatunternehmen im 20. Jahrhundert einen beträchtlichen

Anteil der Arbeit der Bergleute ausmachten. Sie zitiert eine Statistik aus dem Jahr 1917, in der der Frauenanteil in den Bergwerken von Potosí 12 Prozent betrug; und von 1950, als es 10 Prozent waren. Nach der bolivianischen Revolution von 1952, die die Minen verstaatlichte, verbot das staatliche Unternehmen Comibol Frauen den Zugang zu den Minen. Sie arbeiteten weiterhin im Freien, als Hilfskräfte, und sammelten Steine auf. Jetzt, mit den kleinen privaten Konzessionen, kann eine Witwe die Lagerstätte ihres Mannes erben und nach Erz schürfen, aber der soziale Druck ist zu stark und es scheint unmöglich, eine Frau zu finden, die das macht. Absi erzählt die Geschichte von zwei Witwen, Doña Julia und Doña Isabel, die Hosen trugen und gemeinsam arbeiteten: Die anderen Bergleute haben sie ausgegrenzt und waren überzeugt, dass sie lesbisch sein müssen, dass Doña Julia »ein halber Mann« sein muss, denn sie war diejenige, die den Bohrer bediente, und mit dieser Zweideutigkeit haben sie den Mythos gerettet, dass das Bohren im Bergbau den Männern vorbehalten ist.

Von ganz wenigen Ausnahmen abgesehen, verzichten Witwen auf die Grundstücke ihrer verstorbenen Ehemänner und nehmen die ihnen von den Genossenschaften angebotenen Arbeitsplätze außerhalb des Bergwerks an: Sie sind Wächterinnen und *palliris*. Sie verdienen sechs- bis zehnmal weniger als die Bergmänner, die im Inneren arbeiten.

Frauen dürfen nicht in die Mine, sagen die Männer.

Es ist nur zu ihrem Besten, sagen sie.

Zwischen 2020 und 2030 werden keine Frauen in den höchsten Rängen der bolivianischen Armee sein. Derzeit gibt es zum Beispiel eine Generalin und zwei Obristinnen. Aber sie werden pensioniert und eine Leerstelle hinterlassen: Die Militärschule zur Ausbildung bolivianischer Offiziere wurde 1985 für Frauen gesperrt und hat sie erst 2003 wieder zugelassen. Diejenigen, die 2003 begannen, haben 2007 ihren Abschluss gemacht und noch eine lange Zeit vor sich, um auf der Karriereleiter aufzusteigen.

An ihrem siebzehnten Geburtstag hat sich Alicia Quispe für den vormilitärischen Dienst angemeldet: Oberschüler können zur Armee gehen und an den Wochenenden eine Grundausbildung in der Kaserne erhalten. Die Jungen, die später zum Wehrdienst verpflichtet werden, können so einen Teil ihres Wehrdienstes vorziehen, ohne die Schule zu verlassen. Die Mädchen, die nicht zum Militärdienst verpflichtet sind, schreiben sich immer häufiger ein: In den ersten Jahren lag ihr Anteil bei 20 Prozent, heute machen sie 40 Prozent der vormilitärischen Schülertruppe aus.

Alicia sitzt mit ihrer Mutter, ihrer Schwester, ihrer Tante und ihren Cousins an einem Tisch in einem Brathähnchenrestaurant. Sie trägt eine olivgrüne Uniform, schwarze Stiefel und eine olivgrüne Mütze mit sehr breitem Visier, das ihre Augen ein wenig verdeckt. Auf dem rechten Ärmel ist die bolivianische Flagge, ihr Nachname Quispe auf einer Brusttasche und das Wort »Ejército« (Armee) auf der anderen.

Sie hat ihre Schulzeugnisse in der Kaserne abgegeben, wurde ärztlich untersucht und heute erhielt sie ihre Uniform. Im Restaurant hat sie eine Flasche Bier bestellt. Ihre Tante macht Fotos von ihr mit dem Handy, sie lacht und sagt, jetzt reicht's. Wenn sie von der Theke herrufen, sie sollen die Tabletts mit Brathähnchen und Pommes frites holen, ist sie es, die quer durch den Essensraum geht. Von den anderen Tischen schaut man zu ihr herauf.

Sie fängt an, ihr Hähnchen zu essen, und sagt, sie wolle ihren

Zivildienst ableisten, wisse aber nicht, ob sie später zur Armee gehen wolle.

»Ich weiß nicht, ob ich das will. Aber immerhin: Früher konnten das Frauen gar nicht.«

Es ist schwer, sich zu verabschieden. Ich verlasse Bolivien und nehme alles mit, was ich bekommen konnte – die Zeit, das Wissen und die Vertrautheit mit einigen Menschen: Rohmaterial für ein Buch –, habe aber den Verdacht, dass das Buch diesen Frauen nichts nützen wird. Bolivien ist seit Jahrzehnten eines dieser Länder, die Sensationsgeschichten exportieren: wir Journalisten, Schriftsteller, Filmemacher, Fotografen, Anthropologen und Geschichtenerzähler kommen hierher und sind auf der Suche nach Geschichten von Elend und Gewalt, die uns dann zu Hause zugutekommen, den Protagonisten aber nur sehr selten irgendetwas bringen.

Es fällt mir schwer, mich von Alicia, Doña Rosa und Evelyn zu verabschieden, weil das der Moment ist, in dem diese Sorgen aufkommen. Wird dieses Buch ihnen nützen, wird es irgendjemandem nützen, wird es dazu dienen, über die Mechanismen der Ungerechtigkeit zu sprechen und über ihre Nutznießer? Und weil diese Gedanken mich nach Hause an den Schreibtisch versetzen, während ich mich noch von ihnen auf dem Minenvorplatz verabschiede.

Mein Abschied – von der Reise und vom Buch – ist ungeschickt.

An meinem letzten Nachmittag in Potosí gehe ich zur Hütte von Alicia, Doña Rosa und Evelyn hinauf. Ich bringe ihnen einige ausgedruckte Fotos mit, die ich in den letzten Wochen aufgenommen habe, wir machen noch mehr Fotos, essen kurz etwas zusammen, tauschen Telefonnummern aus – mit denen wir, wie ich später feststellen werde, nicht kommunizieren können. Ich weiß, dass Doña Rosa eine Computertomografie verordnet wurde, um herauszufinden, ob ihre Kopfschmerzen auf einen Tumor zurückzuführen sind. Sie hat sie nicht machen lassen, weil sie nicht versichert ist und nicht die hundert Euro aufbringen kann, die die Untersuchung kostet. Als wir auf dem Vorplatz allein sind, rede ich mit Alicia darüber. Ich verheddere mich in Erklärungen, sie nickt, ohne etwas zu sagen, weil sie nichts zu sagen braucht: Hier vor der Mine ist die Scham betreffend Geld mein Privileg.

Sie wird zurück in die Mine gehen. Sie hat es mir schon zuvor gesagt: für den vormilitärischen Dienst hat sie sich gemeldet, sie wird weiter für die Schule lernen, den Lehrern und NGOs sagt sie, dass sie nicht mehr in die Mine geht, aber sie geht natürlich hinein und wird weiterhin hineingehen.

Vierzig Pesos zahlen sie ihr pro Nacht für das Schieben der Loren.

Sie ist einer der wenigen Menschen auf dem Cerro Rico, die sich noch ein anderes Leben vorstellen können und entschlossen sind, es zu erreichen, aber niemand kann ihre Prioritäten infrage stellen. Sie wird den gleichen Lohn fordern, sagt sie mir, wie ihn die Bergleute für die gleiche Arbeit bekommen.

Ich lasse Alicia auf dem Platz zurück, neben den Schienen, die in den dunklen Schlund des Berges führen. Heute Abend wird sie in das Bergwerk gehen.

Und das – wer will es ihr absprechen – ist nur zu ihrem Besten.

Dank

Daniel Burgui ist eine der wichtigsten Figuren dieses Buches, auch wenn er bislang nicht in Erscheinung getreten ist. Er war mein Begleiter auf der ersten Reise nach Bolivien und jahrelang bei anderen Bolivienprojekten, wo wir gemeinsame Entdeckungen machten, Freud und Leid teilten, manche Enttäuschung und eine Menge Zweifel, stets eine Menge Zweifel. Dani ist ein großzügiger, sensibler und fröhlicher Mensch. Er ist auch Reporter, von dem ich sehr viel lerne: weil er sehr gut schreibt; weil er den Menschen mit tiefem Respekt begegnet; weil er sie vor, während und nach der Arbeit begleitet, und weil er immer wiederkommt. Und er ist ein guter Freund: Er kommt immer wieder.

Ich bin den Menschen, die auf dem Cerro Rico und im Bergbaurevier von Llallagua leben, zu großem Dank verpflichtet, sie haben mir ihre Zeit gewidmet, ihr Wissen anvertraut und manchmal auch Intimes. Einige tauchen in dem Buch auf, andere nicht oder nicht mit ihrem richtigen Namen: Wächterinnen und Wächter, Bergarbeiter, Lehrer, Jungen, Mädchen.

Ich möchte auch Miguel Sánchez-Ostiz danken, weil er mir die ersten und sehr guten Empfehlungen für meine Reise nach Bolivien gab.

Ich danke Cecilia Molina, Héctor Soliz, Maxime Chiquet, José Pimentel, Dora Camacho, Modesto Pérez, Fernando Pérez, Gary Daher und Ramón Rocha Monroy, denn sie haben sich Zeit genommen und mich in Bolivien begleitet, damit ich das Land besser kennenlerne und die Geschichten aus den Minen erfahre.

Ich bin ebenfalls dankbar für die Zusammenarbeit – und ich bewundere die Berufung – der Menschen, die in den Organisationen Cepromin und Voces Libres arbeiten.

Mein Dank gilt Álex Ayala Ugarte und Karim Patón für ihre Gastfreundschaft und so viele gute Momente.

Ich danke Eider Elizegi für ihre Wegbegleitung auf dem Weg und auch für ihre scharfsinnigen Einsichten in Bolivien.

Danke auch all den anderen Freunden, Familienmitgliedern und Dutzenden von Fremden, die bei dem Projekt der Schule Robertito del Cerro Rico mitgeholfen haben.

Beim Schreiben des Buches hatte ich eine ganz besondere Hilfe: die Lektüre und die Kommentare von Martín Caparrós, Eileen Truax, Roberto Valencia, Catalina Lobo-Guerrero, Andrés Wiesner, Claudia Jardim, Esteban Castro, Cecilia Lanza und Diego Fonseca. Wir haben uns eine Woche lang in Oaxaca (Mexiko) getroffen, in einem der Workshops, die die Stiftung Neuer Iberoamerikanischer Journalismus organisierte, um unter der Leitung des Maestros Caparrós an unseren verhaspelten Büchern zu arbeiten. Ohne ihre Hilfe wäre das Buch noch schwächer; selbst mit ihrer Hilfe enthält das Buch noch Lücken, auf die sie mich hingewiesen haben, die ich aber nicht zu füllen wusste.

Ich bin auch dankbar für die Lesungen, die Gespräche und die ausführlichen Kommentare von Jaime Martín, June Fernández, Nerea Armendáriz und Sara Agnetti, die die große literarische Tugend haben, mich eine Lösung erkennen zu lassen und hundert neue Probleme.

Und ich erinnere mich mit großer Zuneigung an Gregorio Iriarte, der in Cochabamba starb, so wie er es sich nie hätte vorstellen können: an reiner Altersschwäche.

Literatur

Absi, Pascale, *Les ministres du diable. Le travail et ses représentations dans les mines de Potosí,* Bolivie, L'Harmattan, Paris 2003

Albarracín, Juan, *El Superestado minero y el derrumbe de la oligarquía boliviana,* Plural Editores, La Paz 2008

Anderson, Jon Lee, *Che. Die Biographie,* Ullstein Taschenbuch, Berlin 2019

Arancibia-Andrade, Freddy, *Uncía. Historia, poesía, cuentos, turismo,* Norte Potosí 2008

Arzáns de Orsúa y Vela, Bartolomé, *Relatos de la Villa Imperial de Potosí. Antologia,* Plural Editores, La Paz 2009

Baptista Gumucio, Mariano, *El mundo desde Potosí. Vida y reflexiones de Bartolomé Arzáns de Orsúa y Vela (1676–1736),* Garza Azul, La Paz 2001

Céspedes, Augusto, *Teufelsmetall,* Lamuv, Göttingen 1990

Crespo, Arturo, *El rostro minero de Bolivia,* La Paz 2009

De Mesa, José, Carlos De Mesa Gisbert, Teresa Gisbert, *Historia de Bolivia,* Editorial Gisbert, La Paz 2008

Escóbar, Filemón, *De la revolución al pachacuti,* Garza Azul, La Paz 2008

Escóbar, Filemón, *El Evangelio es la encarnación de los derechos humanos,* Plural Editores, La Paz 2011

Espinoza, Jorge, *Minería boliviana. Su realidad,* Plural Editores, La Paz 2010

Fernández, Luis Alfonso, *La Real Casa de la Moneda,* Los Amigos del Libro, La Paz 1979

Ferrufino, Rubén, Rodolfo Eróstegui, Marco Gavincha, *Potosí. El Cerro nuestro de cada día. Relevancia económica en la región y ciudad capital,* Ediciones Labor, La Paz 2011

Flores, Juan Pablo, *Desarrollo, equidad y progreso de Bolivia ante el desafío de emplear eficientemente su potencial hidrocarburífero,* Observatorio Boliviano de los Recursos Naturales, 2009

Francescone, Kirsten, Vladimir Díaz, »Cooperativas mineras: entre socios, patrones y peones«, in: *Petropress* 30, 31.01.13

González Pazos, Jesús, *Bolivia. La construcción de un país indígena,* Icaria, Barcelona 2007

Iriarte, Gregorio, *Análisis crítico de la realidad*, Grupo Editorial Kipus, Cochabamba 2007

Iriarte, Gregorio, *Narcotráfico y política: Militarismo y mafia en Bolivia,* Latin America Bureau, Instituto de Estudios Políticos para América Latina y África (IEPALA), Madrid 1982

Klein, Naomi, *Die Schock-Strategie,* Hoffmann und Campe, Hamburg 2021

Mendoza, Jaime, *En las tierras del Potosí,* Roman, Los Amigos del Libro, Cochabamba 1988 (Originalausgabe, Imprenta de la Viuda de Luis Tasso, Barcelona 1911)

Michard, Jocelyn, *Cooperativas mineras en Bolivia,* Centro de Documentación e Información Bolivia (CEDIB), Cochabamba 2008

Ministerio de Economía y Finanzas Públicas, *Memoria de la Economía Boliviana,* La Paz 2012

Molina, Cecilia, *Un horizonte al final del socavón. Programa de acción para la eliminación del trabajo infantil minero en Siglo XX,* Llallagua, Organización Internacional del Trabajo, 2003

Museo Nacional de Arte, *Supay. Los caminos del Tío,* La Paz 2011

NATs, *Memoria I y II Encuentro Local de NATs 2002–2005,* NATs (Niños/as Adolescentes Trabajadores), Cepromin-Terre des hommes, Llallagua 2006

Nooteboom, Cees, *Nootebooms Hotel,* Suhrkamp, Frankfurt am Main, 2000

PNUD (Programa de las Naciones Unidas para el Desarrollo, Uno-Entwicklungsprogramm), *Informes sobre Desarrollo Humano en Bolivia,* 2010, 2011, 2012 y 2013

Poppe, René, *Interior mina (Testimonio),* Plural Editores, La Paz 2003

Poveda Ávila, Pablo, *Formas de producción de las cooperativas mineras de Bolivia,* CEDLA (Centro de Estudios para el Desarrollo Laboral y Agrario), La Paz 2014

Querejazu Calvo, Roberto, *Llallagua: trono del »Rey del Estaño« Simón I. Patiño,* Los amigos del libro, La Paz/Cochabamba 1998

Quintana, Ernesto et al., *Investigaciones socioambientales 2009–2010,* LIDEMA (Liga de Defensa del Medio Ambiente), Potosí 2011

Quiroga Santa Cruz, Marcelo, *El saqueo de Bolivia,* Ediciones Puerta del Sol, La Paz 1973

Reid, Michael, *El continente olvidado: la lucha por el alma de America latina,* Belacqua, Barcelona 2009

Rocha Monroy, Ramón, *Potosí 1600,* Alfaguara, La Paz 2002

Sachs, Jeffrey D., *Das Ende der Armut. Ein ökonomisches Programm für eine gerechtere Welt,* Siedler Verlag, München 2005

Sánchez-Ostiz, Miguel, *Cuaderno boliviano,* Alberdania, Irún 2008

Taboada Terán, Néstor, *El precio del estaño (Una tregedia boliviana),* Plural Editores, La Paz 2006 (erste Ausgabe 1960)

Tapia, Lourdes, Ernesto Quintana, *Cantumarca: Población precolombina afectada por la actividad minera,* LIDEMA (Liga de Defensa del Medio Ambiente), Potosí 2007

Tapia, Rosario, *Minería y conflictos socioambientales en Cantumarca,* Fundación PIEB, Potosí 2010

UDAPE (Unidad de Análisis de Políticas Sociales y Económicas), *Sexto informe de progreso de los Objetivos de Desarrollo del Milenio en Bolivia,* La Paz 2010

Viezzer, Moema, *Wenn man mir erlaubt zu sprechen. Zeugnis der Domitila, einer Frau aus den Minen Boliviens,* Lamuv, Göttingen 1996

Ziegler, Jean, *Der Hass auf den Westen: Wie sich die armen Völker gegen den wirtschaftlichen Weltkrieg wehren,* Goldmann, München 2011